世界哲學家叢書

布拉德雷

張 家 龍 著

1997

東大圖書公司印行

國家圖書館出版品預行編目資料

布拉德雷／張家龍著.--初版.--臺北
市：東大發行：三民總經銷，民86
面； 公分.--(世界哲學家叢書)
參考書目：面
含索引
ISBN 957-19-2136-X（精裝）
ISBN 957-19-2149-1（平裝）

144

國際網路位址　http://sanmin.com.tw

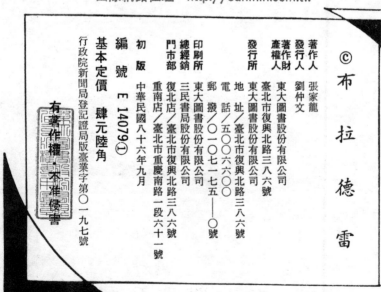

ⓒ 布拉德雷

著作人　張家龍
發行人　劉仲文
產著作財權人　東大圖書股份有限公司
發行所　東大圖書股份有限公司
　　　　地址／臺北市復興北路三八六號
　　　　電話／五○○六六○○
　　　　郵撥／○一○七一七五──○號
印刷所　東大圖書股份有限公司
總經銷　三民書局股份有限公司
門市部　復北店／臺北市復興北路三八六號
　　　　重南店／臺北市重慶南路一段六十一號
初版　　中華民國八十六年九月
編號　　E 14079①
基本定價　肆元陸角
行政院新聞局登記證局版臺業字第○一九七號

ISBN 957-19-2136-X （精裝）

「世界哲學家叢書」總序

　　本叢書的出版計畫原先出於三民書局董事長劉振強先生多年來的構想，曾先向政通提出，並希望我們兩人共同負責主編工作。一九八四年二月底，偉勳應邀訪問香港中文大學哲學系，三月中旬順道來臺，即與政通拜訪劉先生，在三民書局二樓辦公室商談有關叢書出版的初步計畫。我們十分贊同劉先生的構想，認為此套叢書（預計百冊以上）如能順利完成，當是學術文化出版事業的一大創舉與突破，也就當場答應劉先生的誠懇邀請，共同擔任叢書主編。兩人私下也為叢書的計畫討論多次，擬定了「撰稿細則」，以求各書可循的統一規格，尤其在內容上特別要求各書必須包括（1）原哲學思想家的生平；（2）時代背景與社會環境；（3）思想傳承與改造；（4）思想特徵及其獨創性；（5）歷史地位；（6）對後世的影響（包括歷代對他的評價），以及（7）思想的現代意義。

　　作為叢書主編，我們都了解到，以目前極有限的財源、人力與時間，要去完成多達三、四百冊的大規模而齊全的叢書，根本是不可能的事。光就人力一點來說，少數教授學者由於個人的某些困難（如筆債太多之類），不克參加；因此我們曾對較有餘力的簽約作者，暗示過繼續邀請他們多撰一兩本書的可能性。遺憾的是，此刻在政治上整個中國仍然處於「一分為二」的艱苦狀態，加上馬列教

條的種種限制，我們不可能邀請大陸學者參與撰寫工作。不過到目前為止，我們已經獲得八十位以上海內外的學者精英全力支持，包括臺灣、香港、新加坡、澳洲、美國、西德與加拿大七個地區；難得的是，更包括了日本與大韓民國好多位名流學者加入叢書作者的陣容，增加不少叢書的國際光彩。韓國的國際退溪學會也在定期月刊《退溪學界消息》鄭重推薦叢書兩次，我們藉此機會表示謝意。

原則上，本叢書應該包括古今中外所有著名的哲學思想家，但是除了財源問題之外也有人才不足的實際困難。就西方哲學來說，一大半作者的專長與興趣都集中在現代哲學部門，反映著我們在近代哲學的專門人才不太充足。再就東方哲學而言，印度哲學部門很難找到適當的專家與作者；至於貫穿整個亞洲思想文化的佛教部門，在中、韓兩國的佛教思想家方面雖有十位左右的作者參加，日本佛教與印度佛教方面卻仍近乎空白。人才與作者最多的是在儒家思想家這個部門，包括中、韓、日三國的儒學發展在內，最能令人滿意。總之，我們尋找叢書作者所遭遇到的這些困難，對於我們有一學術研究的重要啟示（或不如說是警號）：我們在印度思想、日本佛教以及西方哲學方面至今仍無高度的研究成果，我們必須早日設法彌補這些方面的人才缺失，以便提高我們的學術水平。相比之下，鄰邦日本一百多年來已造就了東西方哲學幾乎每一部門的專家學者，足資借鏡，有待我們迎頭趕上。

以儒、道、佛三家為主的中國哲學，可以說是傳統中國思想與文化的本有根基，有待我們經過一番批判的繼承與創造的發展，重新提高它在世界哲學應有的地位。為了解決此一時代課題，我們實有必要重新比較中國哲學與（包括西方與日、韓、印等東方國家在內的）外國哲學的優劣長短，從中設法開闢一條合乎未來中國所需

求的哲學理路。我們衷心盼望，本叢書將有助於讀者對此時代課題的深切關注與反思，且有助於中外哲學之間更進一步的交流與會通。

最後，我們應該強調，中國目前雖仍處於「一分為二」的政治局面，但是海峽兩岸的每一知識分子都應具有「文化中國」的共識共認，為了祖國傳統思想與文化的繼往開來承擔一分責任，這也是我們主編「世界哲學家叢書」的一大旨趣。

傅偉勳　韋政通

一九八六年五月四日

自　序

　　布拉德雷 (Francis Herbert Bradley, 1846–1924) 是新黑格爾主義的代表人物，有「近代哲學中的芝諾」之稱。但是，研究這位哲學家的中文論著甚少，尤其缺乏一部全面系統地論述布拉德雷哲學思想的中文專著。這是促使我寫作本書的一個動因。

　　布拉德雷有三部代表作：第一部《倫理研究》，出版於1876年；第二部《邏輯原理》，出版於1883年；第三部《現象與實在》，出版於1893年。在《現象與實在》一書中，布拉德雷建構了絕對唯心主義的哲學體系，並將倫理學和邏輯學納入其中。如何論述布拉德雷的思想呢？是完全按歷史的順序，還是採用黑格爾的「邏輯與歷史一致」的原則？筆者採用了後者，而擯棄了前者。這就是說，本書的結構與歷史的順序正好相反，是從論述《現象與實在》開始，經《邏輯原理》，再到《倫理研究》。我以為，這樣一種寫作方法能全面而又深刻地把握布拉德雷的思想。

　　本書對布拉德雷哲學思想的評論遵循的原則是：「立字當頭，破在其中」， 即繼承其一切合理內核、批判其一切謬誤。這是發展中華民族新文化的一個不可或缺的原則。

　　最後，我要感謝《世界哲學家叢書》的兩位主編先生，他們給予我寫作本書的機會，使本書能納入叢書，得以出版；感謝東大圖

書公司的編輯先生，他們為本書的面世傾注了心血。我還要感謝我的愛女、北京大學英語語言文學系學生張颯，她幫助我翻譯並整理了布拉德雷的《倫理研究》和《真理與實在論文集》中的部分資料。

　　按照黑格爾的辯證法，優點與缺點是對立的統一。對於本書的得失，特別是失，筆者期望能得到海內外學者的評說。

張家龍

於中國社會科學院哲學研究所

〔附記〕本序言寫好後，我從1997年1月8日的《中華讀書報》上得知傅主編偉勳先生逝世的噩耗，深感悲痛，謹在此表示沈痛的哀悼和深切的懷念。

布拉德雷

目　次

第一章 布拉德雷的生平及其哲學思想路線

布拉德雷於1846年1月30日誕生在英國布里克諾克郡(Brecknock)，其父是該郡格拉斯伯里(Glasbury)教區的牧師。1854年，全家遷往切爾騰翰(Cheltenham)。1856年，布拉德雷入切爾騰翰公學讀書，在這期間，不滿15歲的布拉德雷就已對德國哲學產生興趣，並讀過康德(Kant, 1724–1804)《純粹理性批判》一書的英譯本。1861年，布拉德雷轉學至馬爾巴羅(Marlborough)公學，在學習期間，他酷愛體育，曾加入馬爾巴羅公學的射擊團體。1862年冬，布拉德雷患傷寒病，拖至1863年春又轉為肺炎。雖然他病癒了，但從此健康狀況一直不佳，並因此脫離了馬爾巴羅公學。

1865年，布拉德雷進入牛津大學學習。畢業後於1870年起任牛津大學麥爾頓學院的研究員，一直到逝世。1871年6月，他患了腎炎。這一終身疾患對他以後50餘年的學術生涯產生了重大影響，他沒有擔任教學，專門從事著述，過著一種半隱居的生活。

1876年，布拉德雷出版了他的第一部專著《倫理研究》。1924年初夏，他對此書增寫了新注，為出第二版之用。但未寫完，他就離開了人間。第二版於他逝世後的1927年出版。本書內容有兩個方面。一方面是批判性的，主要批判了功利主義的享樂論倫理學和「善良意志」說（或「為義務而盡義務」的學說）。另一方面是布拉德

雷自己的倫理主張，他提出了自我實現說，認為道德的目的在於實現自我；而要實現自我，就要認識國家是一個道德有機體，要認識個人在國家中的地位，而盡個人應盡的義務。此外，布拉德雷還論述了理想的道德以及與宗教的關係。此書是黑格爾主義色彩比較濃厚的著作。

1883年，布拉德雷的第二部名著《邏輯原理》出版。1922年出增訂第二版。在第二版中，他增寫了許多附注，並在書末附了12篇論文。在這些書末論文和增補附注中，他是想把《邏輯原理》與他後來的哲學體系代表作《現象與實在》聯繫起來，並常引證後者來補充和糾正《邏輯原理》中的一些觀點。《邏輯原理》一書建立了一種屬於黑格爾類型的邏輯學，既不同於傳統邏輯，也不同於符號邏輯。該書以判斷為出發點，論述了判斷和推理的一系列問題，批判了心理主義的觀念聯想論、傳統形式邏輯和彌爾的歸納邏輯。

1883年，布拉德雷獲格拉斯哥大學法學博士學位。

1893年，布拉德雷的核心哲學著作《現象與實在》出版。1897年出第二版，增補了三篇專題注釋及一組解釋性注釋附於正文之後。全書分兩篇：現象篇和實在篇。此書按黑格爾主義的精神，以「絕對」為最高哲學範疇，以「內在關係說」為基礎，建立了本體論和認識論的絕對唯心主義哲學體系。在本體論上，是從現象到實在，而實在就是本體論上的絕對。在認識論上，是從直接經驗經過關係經驗到達絕對經驗，而絕對經驗就是認識論上的絕對。布拉德雷在《現象與實在》一書中，將邏輯學和倫理學納入他的絕對唯心主義哲學體系之中。

1914年，布拉德雷出版了《真理與實在論文集》。這本論文集收集了他自1907年以來大部分已經發表過的有關認識論和本體論

的文章，以一種系統著作的形式分章編排。這些文章是他為回答《現象與實在》一書所遭到的反駁而寫成的，可以看成是對《現象與實在》一書的補充、發揮和辯護。

1921年，布拉德雷獲丹麥皇家科學院院士稱號。

1923年，布拉德雷獲英國科學院名譽院士稱號。

1924年6月，布拉德雷獲英國國王頒發給他的功績勛章。

1924年夏秋之交，布拉德雷因血液中毒症狀在牛津一家私人醫院住院醫療。幾天之後，1924年9月18日，他在那裡逝世，享年78歲。

1935年，牛津大學出版社在布拉德雷逝世後出版了《論文匯編》，此書收集了布拉德雷自1874年至1924年50年間發表過和未發表過的論文。書中論文大多涉及倫理學和心理學。

從布拉德雷的主要著作來看，明顯地貫穿著一條黑格爾主義的路線。但是，布拉德雷的黑格爾主義與已經衰落的原來黑格爾哲學還是有所區別的，屬於所謂新黑格爾主義。新黑格爾主義是19世紀60年代以來復興黑格爾哲學的各種哲學思潮和哲學流派的總稱，在英、美稱之為絕對唯心主義。新黑格爾主義者大都是通過評述和解釋黑格爾哲學的某些方面來論證自己的哲學理論。在新黑格爾主義者內部，其哲學觀點和政治立場往往存在著各種矛盾和衝突。有的人甚至否定自己屬於黑格爾學派，布拉德雷就是這樣，他說：

> 我恐怕，為了免除更壞的誤解，關於所謂「黑格爾主義」我還得要解釋幾句。我確實認為黑格爾是一個大哲學家，但是我決不能自稱為黑格爾學派中人，這是部分因為我不能說我已經充分掌握了他的體系，部分也因為我並不同意他的主要

原理，或至少那個原理的一部分。我無意要來掩飾我從他的
著作中所獲得的許多啟發，但是我受他的影響究竟到了什麼
程度，我想還是讓別人來評定為好。至於我們一般評論中所
說的「黑格爾學派」，據我所知那在任何其他地方都是找不到
的。❶

以下我們分三章論述布拉德雷的絕對唯心主義體系、邏輯學和
倫理學，最後一章論述黑格爾哲學與布拉德雷哲學的異同，評定布
拉德雷受黑格爾的影響「究竟到了什麼程度」，從而確定布拉德雷
在西方哲學史上的地位。

---

❶ Bradley, F. H.: *The Principles of Logic*, Oxford, 1922, p.x. 以下引證此
書，縮寫為*PL*。

第二章　絕對唯心主義體系

第一節　內在關係說

內在關係說是布拉德雷哲學體系中的一個關鍵理論。要理解布拉德雷的哲學思想，必須首先把握他的內在關係說。什麼是內在關係說呢？布拉德雷作了如下的概括：

> (1)一個單純的外在關係沒有任何意義或存在，因為一個關係必須（至少在某一程度上）限制它的項。(2)關係蘊涵著它們在其中的一個統一體，離開統一體它們沒有任何意義或存在。(3)諸多方面（項和關係兩者）都是單一實在的屬性，實在存在於它們之中，沒有實在它們就是虛無。❶

布拉德雷對這些學說作了各種論證。若關係是單純外在的，比如關係C，它有兩個項A和B，它與它們兩者一起出現，在它們之外。這樣就產生了一個問題：關係C同關係項A和B之間是什麼關係？假

---

❶　F. H. Bradley：*Appearance and Reality*, Oxford, 1955, p.559.以下引證此書，縮寫為*AR*。

定有一關係D，它是C同A、B之間的關係。由於D是外在的，這又
產生了一個問題：在D為一方，C、A、B為另一方之間是什麼關係？
這就要訴諸新關係E，由此又導致另一個關係F，如此等等以至無窮，
陷入無窮倒退。

布拉德雷還從不同角度對內在關係說作了論證。他考察了兩個
例子。

1.關於空間排列關係。持外在關係說的人認為，當事物在空間
中由一種關係變為另一種關係時，事物本身決不改變。布拉德雷認
為，如果是這樣，那麼我們就無法理解一組關係的諸項是如何丟開
的，它們又是如何被新的一組關係採用的。如果諸項對關係沒有什
麼貢獻，那麼上述過程及其結果就是完全不合理的。如果諸項對關
係有所貢獻，那麼它們必定是內在地受影響的。每一種整體，空間
中的每一排列都有一個性質上的方面。在各方面中，整體有一個特
徵，它不能只是在於單純的項以及項之間的單純關係。我們可以說，
這個特徵屬於它們，但它要超出它們單獨地所是的東西。如果空間
中的事物通過一種新排列產生了一種新的性質，我們將怎樣去述說
這一性質呢？如果諸項貢獻了什麼東西，那麼項就是受它們的排列
影響的。布拉德雷認為，只由外在關係說新結果是不可能的。諸
項以各種可能方式在自身中發生關係。每一空間是一個整體，在其
中各部分在各種可能位置上已產生內在關係，並且彼此互相決定。
單獨的空間、單純的空間關係和諸項都同樣是單純的抽象，雖有用
處，但把它們作為獨立的東西，這是不一致的和假的。對於存在著
的空間來說，必須有一個排列。沒有性質的差異，在空間中就完全
沒有任何區別，既無位置，也無位置變化，既無形狀，無物體，也
無運動。在這個意義上，沒有具體的諸項就沒有任何單純的空間關

係，同樣在另一種意義上就沒有任何赤裸裸的空間事物。空間中的事物、它們的空間以及兩者一起都不能看成是實在的，它們是依賴於一個更具體的整體的抽象物。例如，如果我們把一個檯球和一個人從地點抽象出來，那麼它們當然對地點是無關重要的，但它們沒有一個是實際存在的事物。但把它們看成是現存的事物，我們就必須把它們看成是由地點所決定的，由它們進入的整個物質系統所限制的。布拉德雷指出，空間關係的表面上的外在性只是說明，我們在這種關係中具有現象而不是終結的實在。

　　2.關於比較關係。持外在關係說的人認為，在你比較事物之前，事物可以是同樣的而且不發生關係，它們的關係是在它們之外並且不限制它們。例如，兩個長紅頭髮的人或者由他們的相同性完全不相關，或者由它而相關時不發生改變，因此關係完全是外在的。對此，布拉德雷作了反駁。他認為不存在這樣的關係。除了在整體中是不可能有同一性或相似性的，每一個這樣的整體必定限制它的項，也被它的項所限制。在整體有差異的地方，限制它的項也一定是有差異的，因此諸項由於變成一個新統一體的成分，它們一定發生了變化。布拉德雷認為，我們可以有兩個被感覺的事物，它們是同樣的但不是等同的。我們比較它們，它們由於在某一方面有等同性因而發生關係。諸項被它們的整體所限制；其次，有一個整體，它不但在邏輯上而且在心理上不同於第一個整體；對這個變化作出貢獻的諸項也因此發生了變化。布拉德雷結合紅頭髮的例子來說明這些原理。上述的兩個人的關係可由判斷「他們在長著紅頭髮方面是同樣的」來表達。在每一情況下都有一個整體，它被諸項限制，也限制諸項，但在每一情況下整體是不同的。我們首先把人包含在一個被感知的整體中並把人限制這個整體，他們的紅性是在同他們的其

他性質並且同其餘的未分解的感覺總體的直接無條件的統一中給出的。但在另外一個不同的情況下，這個可感覺的整體終止了，人本身被加以分析。他們每一個被分成紅頭髮性同其他性質的一種聯合，而紅頭髮性本身變成連結每個人諸多方面的統一體的一個主體，這諸多方面述說這個統一體並且彼此連結在它之下。兩個人的諸多方面同這個一般性質的聯合以及通過此性質諸多方面彼此之間的聯合是一種不完全的、不純粹的真理和實在。但是這種邏輯綜合是一個不同於可感覺整體的一種統一體，在這個統一體中，不能否認諸項已經改變了。布拉德雷指出，堅持紅頭髮性的抽象觀點的人認為沒有任何變化，這是一種十足的無知。

布拉德雷的內在關係說還包含一個重要方面，即關係階段論。他認為，在低於關係的階段或前關係階段存在著同樣性 (sameness)，同樣性的特點是一個統一體，這個統一體是直接的，不是關係的。我們可以說，它是一種「潛在的」關係；所謂「潛在的」是用來指這樣的東西：它實際上是這樣的東西但在某些條件下不顯示出來。按布拉德雷的看法，一切關係都是對一個基礎的統一體所做的不適當表達。關係階段是對直接總體的一種不完滿的和不完全的展開。下一個階段就是在關係之上的階段或超關係階段，這一階段的特點就是完滿性，它在關係之上，超出關係而又包含關係。關係階段對前一階段來說，是一種進步，是朝向完滿的必然步驟。在絕對中，一切都是完滿的、完全的，每一種展開都達到了它的目的。布拉德雷認為，關係之路是從不完全的東西進步到它的完滿性的必然方式。這樣，所有的同樣性不僅可以而且必須變成關係的。在超關係的整體中，同樣性達到了它的真理和最終的實在。

第二節　本體論

「絕對」是布拉德雷哲學體系的最高範疇，它在本體論中與「實在」這一範疇是同義的。與「實在」相對立的範疇就是「現象」。怎樣區分現象和實在？有沒有一個絕對的標準？布拉德雷對這個問題作了肯定的回答。這個標準就是：自相矛盾的東西不能是實在的，現象是不一致的東西，最終的實在是決不會自相矛盾的。這個標準是否定不一致性，因而是肯定一致性。

布拉德雷根據他的絕對標準把一切物質性的東西和精神性的東西都斥為現象，如事物、物自體、空間、時間、運動、因果、感覺、思想等等。他認為現象的不一致在於內容和存在的分離。而實在卻是兩者的結合，實在必須存在，並且必須有自己的內容，這兩方面不可分離地連結在一起。下面我們以「事物」為例來分析，為什麼說它是現象。對一個存在的事物來說，它必須具有同一性。如果同一性只是觀念性的，那麼事物本身幾乎不能是實在的。首先我們來考察一個事物能否沒有同一性而存在。回答是否定的。一個事物必須在現在的時刻之外具有某種持續性，因此，連續就是很重要的。事物在一個變化之後必須是同樣的，變化在某種程度上必須述說事物。例如，原子的運動。如果這個「事物」不運動，那麼就沒有什麼運動。但是，如果它運動，那麼，連續就是它的屬性，這事物就是差異中同--性的結合。而這種同一性是觀念性的，因為所謂同一是在於內容。在地點變化方面，這個原子是有差異的；但在其特徵方面，它是同樣的，這個方面顯然是同一的內容。這個同一的內容之所以是觀念性的，是因為它超越了給定的存在。存在只是在

呈現中被給定的，此外，這事物之為一個事物僅當它的存在超出現在並擴展到過去。由此可見，事物把內容和存在分離開來，是不一致的，它不是實在的，只是一種現象。再如，布拉德雷對「物自體」作了更簡短的論證：如果物自體有性質，則它便與他物有關係，便在時空之內，因而便是現象；如果物自體沒有性質，則它就是無關係的虛無。

現象和實在之間的關係並不是絕對地對立的，布拉德雷採用黑格爾的辯證法來分析它們之間的辯證關係。他說：

> 實在具有一種不包含衝突的積極性質，在這個意義上，實在是一；這種性質是必須貫穿在一切實在的東西裡的。實在的多樣性，只有在不發生抵觸的情況下，才能是多樣的；凡是在任何一點上有異於此的東西，都不能是實在的。然而從另一方面說，任何一個顯現的東西一定是實在的。現象必屬於實在，因此它必須和諧一致，與它所顯示的樣子有所不同。因此，現象的多樣性儘管林林總總，使人感到迷惑，卻必須在某種意義上是統一的和自我一致的；因為它只能在實在中，不能在任何別的地方，而實在是不包含衝突的。或者我們又可以這樣說：實在是單個的。實在的積極性把一切差異都包括在一種無所不包的和諧之中，在這個意義上，實在是一。❷

布拉德雷認為，所謂眾多實在的獨立性並不是一件事實，而是一種理論的構造；而且，就其具有一種意義來說，這也是自相矛盾的，十分混亂的。這樣的實在是不實在的。布拉德雷利用關係階段

---

❷ *AR*, p.123.

論對此作了論證，現簡要說明如下。

當我們在感覺中、在尚無關係存在的階段發現我們的各種實在的多樣性的時候，這種多樣性永遠只是一個未分割的整體的獨一無二的完整特性。如果我們勉強抽掉那個統一，我們就把感覺的多樣性連同感覺一起破壞了。剩下來的並不是眾多，而是單純的在(being)，也就是虛無。因此，感覺中的共存並不是自身充足性的證據，而是依賴性的證據。根據布拉德雷的這些論證，我們可以看出，在尚無關係存在的階段或低於關係的階段，所發現的諸實在的多樣性是未分割的整體的獨一無二的完整性質，實際上是感覺與感覺多樣性的連同，是感覺中的共存。按布拉德雷的看法，感覺屬於現象（在下一節我們還要論述），因此，它是不完滿的，它要超越自身而達到關係階段。絕對實在在關係階段的呈現也是屬於現象。關係是被感覺到的總體的一個發展，是從這個總體發展出來的。各種關係以不很適當的方式表達統一體，也仍然蘊涵著統一體，離開這種統一體，多樣性就是虛無。關係只有在一個實體性的整體的基礎之內，只有在這個基礎上，才是有意義的，否則就無意義可言。如果關係項被絕對化了，也就被破壞了。眾多性和相關性只不過是一個統一體的兩個特點和兩個方面。按布拉德雷的內在關係說，諸實在之間的關係具有內在相對性，這就是說，諸項是相對的，並且非依賴某個整體不可。項一旦與統一體分割開來，就立刻化為烏有。布拉德雷總結說：

　　因此眾多的實在不能是自存的，即使是自存的，把它們當成世界，它們仍會陷入不一致。因為關係既然存在，就必定對世界有所影響。那麼，關係就必定對唯一的、自我包容的實

在發生外在的影響；而這一點看來是矛盾的或無意義的。❸

根據布拉德雷的論述，我們可以看出，實在在低於關係的階段的直接呈現以及在關係階段的呈現都是現象，但是一切現象性的東西都有幾分實在性，絕對的東西與相對的東西同樣豐富。絕對並不是多，它沒有諸多獨立的實在。布拉德雷認為，絕對或終極實在是一個個體和一個系統，它是超關係的。

充滿這個超關係的系統的質料是什麼呢？布拉德雷回答說，這種質料就是經驗。經驗是給定的、當下的事實。實在，甚至是單純的存在是必定要落入感知的範圍裏的。總之，感知經驗就是實在，凡不是感知經驗的，就不實在。

綜上所說，布拉德雷的本體論就是絕對從現象辯證地發展為實在的過程。現象包括物質性的現象和精神性的現象，其特點是不一致，內容和存在在現象中是分離的；現象在低於關係的階段和關係階段呈現，它們與實在不是絕對對立的，帶有某種程度的實在性。唯其如此，關係現象要超出自身，達到完滿，要進入超關係的實在。而實在是一個系統，是一，是經驗，其特點是具有一致性，實現了內容和存在的結合，此外它還是一個無所不包的整體，熔一切現象於一爐，使現象不再是現象。下面我們引用布拉德雷的名言來結束本節：

　　實在是精神的。……在精神之外，沒有、也不可能有實在；
　　任何東西越具有精神性，它也越是真正的實在。❹

---

❸　*AR*, p.126.

❹　*AR*, p.489.

第三節　認識論

　　布拉德雷的認識論是他的絕對唯心主義體系的核心部分，是同本體論統一的，統一的基礎就是內在關係說。絕對這個範疇在本體論中與實在同義，而在認識論中則與絕對經驗同義。在本體論中，絕對是從現象到實在，而在認識論中則是從直接經驗經過關係經驗發展為絕對經驗。下面我們論述布拉德雷認識論中的幾個要點。

一、認識過程的三階段論

　　布拉德雷認為，認識過程是從直接經驗開始的。直接經驗是未分割的感覺的單一狀態，是一種直接呈現的整體經驗。在這種經驗中，整體包含著多樣性，即感覺的諸多方面，但不被關係分割開來，是無矛盾的。直接經驗或感覺的整體是一個渾沌的感覺團，在其中無主體和客體、自我和非我的區分。絕對在前關係階段之所以呈現為直接經驗或感覺，是因為借助諸多有限的經驗中心，這些中心在持續之時雖不互相滲透，但能限定整體。但直接經驗或感覺並不是實在的，不是實在的一個一致的方面。布拉德雷說：

> 感覺有一個內容，而這個內容在自身中不是一致的，這種不一致導致破壞和終止感覺階段。❺

　　感覺中的矛盾是什麼呢？這就是有限的內容與其存在的直接性是不可調和的。感覺的直接整體具有無限性，這與內容的有限性發

------

❺　*AR*, p.407.

生了不可調和的衝突。這樣，感覺就要超出自身而達到關係階段。

關係階段的經驗，主要是思想和意志。

思想具有關係的與推斷的性質，它的本性是內容和存在的分離。這是因為思想是觀念的，沒有觀念就沒有思想，一個觀念蘊涵著內容同存在的分離。每一個觀念具有一個可感覺的方面。除了有一個內容之外，還必須也是一個事件。一個觀念的存在在或大或小的程度上可能是同它的內容不相稱的；在用內容來述說存在時，包含各種不一致。例如，對一個過去觀念的思想是一個現在的心靈狀態；一個善的觀念也許是道德的惡；被斷定為存在的馬不能生活在與現實的馬映象同樣的領域裏。另一方面，作為事件的快樂和痛苦的觀念本身是事實上的快樂和痛苦。在觀念是一個呈現的一個方面時，我們可以說：觀念的內容存在，並且是一個事件。布拉德雷認為，我們使用觀念時已在下判斷了，因為在用內容修飾存在時，即是用what（什麼）述說 that（那個），回答What is that?（那是什麼？）的問題。

按布拉德雷的看法，判斷是思想的完全形式。在判斷中，一個觀念述說一個實在。第一，被述說的東西不是一個精神映象。它不是在我們頭腦中的一個事實。謂詞是一個單純的"what"，即一個單純的內容特徵，它被用來進一步修飾主詞的 "that"。這個謂詞脫離了它在我的頭腦中的精神存在。判斷把一個形容詞加到實在上去，而這個形容詞是一個觀念，因為它是一個脫離了自己存在的一個性質。第二，當我們考察判斷的主詞時，我們就發現另一個方面即"that"。正如同在「這匹馬是一哺乳動物」中，謂詞不是一個事實一樣，主詞可以肯定是一個實際的存在。這對一切判斷都成立。判斷實質上是要把暫時被割開的兩個方面，即「什麼」("what")和「那個」("that")

重新聯合起來，可是思想的觀念性卻在於這兩個方面的分離。怎樣看待這種分離性呢？布拉德雷認為，真理是思想的對象，真理的目的是要在觀念上限定、修飾存在，給實在以一個特徵。真理就是對這樣的內容所作的斷定，它是和諧的，除去了不一致性。因為給定的實在決不是一致的，思想不得不採取一條無限擴展的道路，如果思想是成功的，它就有一個自身一致的謂詞，並且完全與主詞符合。但在另一方面，謂詞總是觀念的。它一定是一個"what"，不與它自己的 "that" 處於統一之中，因此毫無存在可言。如果我們在思想中對這種分離處理不好，那麼思想就決不能超出單純的觀念性。

布拉德雷認為，判斷與其它思維過程絕不分離。判斷雖與推理不同，無須從前提導出結論，但判斷總是依賴推理並構成推理的最後階段，推理是被中介的和自身中介的判斷。因此，推理同判斷一樣也處於關係框架之中。

總之，思想不能達到對實在的認識，不能達到絕對經驗。但是，思想有無限擴展的能力超越自身。布拉德雷說：

> 思想能夠理解到，為達到它的目的，它必須超出關係。然而在其本性中，它不能找到其他可行的進展手段。因此它感到，它的本性中的這個關係方面必定以某種方法被吞併，而且必定以某種方法包括其他方面。這樣一種熔合迫使思想失去了並超越它本來的自我。❻

他把思想的超越形容為「思想的自殺」：

---

❻　*AR*, p.160.

思想是關係的和推斷性的，如果它一旦終止此性質，它就自殺了。**❼**

布拉德雷認為，思想屬於關係經驗的理論方面，其實踐方面就是意志。意志和思想都是從渾沌的感覺團發展而來的，在意志和思想中產生了主體和客體（對象）、自我與非我的區別。意志不僅產生觀念，而且產生實際的存在。它是一個觀念的自我實現。它依賴於觀念性、作為其出發點的單純現象和本質；它所造成的和諧總是有限的，因此是不完全的和不穩固的。因此，意志是現象而不是實在。

總之，在關係階段的經驗，思想和意志等等，都屬於現象，都不能達到實在，也就是不能達到絕對經驗。絕對只有在超關係階段才能呈現為絕對經驗。布拉德雷認為，絕對是單一的系統，它的內容無非就是感知經驗；它是一個單一的無所不包的經驗，和諧地包括著每一種部分的多樣性。在其中，主體和客體合二為一，進入無差別境界。他說：

> 我們能形成絕對經驗的一般觀念，一切現象的區別都消解於其中；一個整體在沒有失去任何豐富性的更高階段上成為直接的。**❽**

根據布拉德雷的論述，絕對經驗具有和諧性、無所不包性、整體性（單一性）和直接性。絕對經驗與直接經驗有何不同呢？直接

---

❼ *AR*, p.150.

❽ *AR*, p.141.

經驗雖具有整體性和直接性，但不具有和諧性和無所不包性；它的整體性在於由有限的經驗中心組成的渾沌感覺團，它的直接性只在於單純的直接呈現。關係經驗具有整體性，但不具有和諧性、無所不包性和直接性。

對絕對或絕對經驗這個整體或統一體的細節能否知道呢？布拉德雷的回答是否定的。他認為，我們不能想像這在細節上如何可能。對於有限物來說，是不可能完全認識絕對之存在的，是不可能構造出它的生活細節的。布拉德雷為有限的智力設置了一個界限，在這個界限之內，我們可以認識絕對或絕對經驗的主要特徵。他說：

> 我們完全無能力理解這個具體統一體的細節並不是我們拒絕接受它的充分理由。這樣一個理由是不合理的，幾乎不能處處遵循。如果我們能完全認識絕對之一般特徵，如果我們能明白這些特徵以一種模糊知道的方式和抽象的方式結合在一起，那麼我們的結果就是確定的。我們的結論就現在來說是對絕對的真正知識和肯定的知識，這種知識基於經驗；而且在我們試圖一致地思維時，這個結論是不可避免的。 ❾

二、真理論

認識總是對真理的認識。說到真理，有兩個重要問題必須解決，這就是真理的本性和真理的標準。下面我們論述布拉德雷對這兩個問題的解決方式。

1.關於真理的本性

❾　*AR*, pp.141–142.

布拉德雷考察真理，是把它與實在聯繫在一起的。他認為，實在不在真理之外，真理知識和實在的同一必須看成必要的和基本的。他說：

> 真理的目的是以觀念的形式成為實在並占有實在。這首先意味著真理必須毫無剩餘地包括在任何意義上所給予的東西的整體，其次意味著真理必須在智力上包括這一點。……換句話說，真理只有在它是無所不包的並且是一的情況下才得以滿足。**❿**

但是，這樣的目的永遠不會完全實現，一方面是由於我們思想的局限性，另一方面是由於通過進入實在而完全達到目的的真理已經不是真理。真理和實在既有同一性，也有差異性。真理是在一個方面自我實現的整體，這種實現方式是片面的，這方式歸根結底不滿足它自己的要求，而且自身感到是不完全的。另一方面，真理自身的完善導致一個無所不包的實在，一個不在真理之外的實在。真理自身那些有缺陷的方面，正是區分真理和實在的方面。

由於真理是觀念形式的實在，因此不可能有永不出錯的真理。觀念形式有觀念、判斷和推理，它們指向這樣的實在，但由於這些觀念形式屬於現象，還沒有達到實在，這就使真理具有可錯性和相對性。例如，「凱撒渡過魯比康河或者沒有渡過」，它只在一個單一的世界中是真的；如果有各種世界，那麼，「凱撒從未見過魯比康河，此人也根本不存在」也許是真的。

---

❿ Bradley, F. H.: *Essays on Truth and Reality*, Oxford, 1914, p.114. 以下此書縮寫為*TR*。

　　真理是觀念形式的實在，因而不同程度的實在就同不同程度的真理相應。判定的標準有兩條：一是廣度，一是一致性。它們既可用來確定實在的程度，也可用來確定真理的程度。由於在真理中包含著觀念和存在的分離，因此它是現象。

　　布拉德雷辯證地處理了真理和錯誤之間的關係。錯誤是一個現象，而且是一個假現象；它是脫離了它自己實在的內容，同一個與之矛盾的實在相聯繫。這並不意味著錯誤中沒有真理，置身於實在之外。他認為，正如不會有完全假的錯誤一樣，也不會有完全真的真理。當錯誤得以補充時就可變成真理。真理同錯誤相比離絕對近一些，而錯誤同真理相比則離絕對遠一些。既然真理同實在密不可分，作為部分真的錯誤也不能與實在無關。

　2.關於真理的標準

　　布拉德雷認為，真理的標準就是尋求智力的滿足。他說：

　　　我首先假定：真理必須滿足智力，做不到這一點的東西既不是真的，也不是實在的。**⓫**

　　他指出，凡是真的東西必定受自己的限定，它是自我包容的和自存的。真的東西是諸多方面的一個統一體。布拉德雷認為，除了智力的滿足以外，還有其他方面的滿足，例如審美的和宗教的滿足。實在滿足我們的全部存在，我們對於真理和生命、對於美和善等等的需要全都得到了滿足。然而，非智力的滿足不能作為真理的標準，它們不能離開智力而獨立。在決定真理與錯誤方面，智力是至高無上的。他說：

⓫　*AR*, p.509.

　　我已經假定形而上學的對象是要發現滿足智力的一般觀點，
　　並假定凡是成功地這樣做了的東西是實在的和真的，而凡是
　　無法做到的東西既不實在又不真。這個學說在我看來既不能
　　被證明，又不能被懷疑。證明或懷疑一定蘊涵著這個學說的
　　真，如果不假定這一點，兩者就落空了。**⓬**

　　這就是說，反對這個標準的人也是假定它的。可見這個標準是
不可缺少的。

　　與智力滿足的標準相關，布拉德雷提出了「對立面不可思議性」
的真理標準。他說：

　　一個事物是實在的，當它的對立面是不可能的。但歸根結底，
　　它的對立面之所以不可能是因為該事物是實在的。根據一個
　　事物所占有的實在的量，它的對立面在那個範圍內是不可思
　　議的。換言之，一個事物窮盡可能性的領域愈多，它就愈不
　　可能變成本質改變了的東西。**⓭**

　　布拉德雷根據這個標準考察了絕對真理同有限真理（或相對真
理）的關係問題。他所謂絕對真理是關於整體實在的一般真理，如
「實在是經驗並且是一」等判斷。這些真理窮盡了可能性的領域。
實在處於那裏，實在的對立面不是缺失，而是絕對的虛無。一切都
在內部，不可能有任何外部的東西。但有限真理的情況就不同了，
這些真理具有可錯性，受部分未知條件的限制，在此範圍內它們依

⓬ *AR*, pp.491–492.

⓭ *AR*, p.477.

賴我們的無能。但是，它們的真理標準卻是肯定的。它們愈是融貫和廣泛，即它們認識實在系統的觀念愈是充分，它們就愈加實在和真，任何一個推翻它們的東西也就愈加是不可能的。對立面是不可思議的，這一點基於它同實在的衝突並與之成正比。

「對立面的不可思議性」的標準是從否定方面來表述的標準，它實際上就是要求無矛盾性。從正面來表述就是上面提到的融貫性和廣泛性，這兩個原則實際上是統一的，也包含無矛盾性的原則。布拉德雷說：

> 完善的真理必須實現一個系統整體的觀念。這樣的整體本質上具有兩個特徵：融貫性和廣泛性。……整個實在存在於並作用於每個部分的元素之中，這樣，你只必須作出一個這樣的對象：它是缺少整體的一個東西，以便看出這個對象超出自身。這對象顯然自相矛盾並繼續把它的補充對立面包含在一個更廣的統一體中。這個過程重覆進行，直到整體本身完全不在該對象中表達。因此，融貫性和廣泛性這兩個原則是一個。它們不僅是一個原則，而且也包含無矛盾性的原則。你自己以這樣一種方式以避免明顯矛盾的表達次序，歸根結底可說成是包含了整個標準。❹

智力滿足同絕對真理和有限真理之間有什麼關係呢？布拉德雷寫道：

> 甚至絕對真理好像最後也成為是錯誤的。必須承認，歸根結

---

❹　*TR*, p.223.

底，可能的真理沒有一個是完全真的，它只是把它宣布整個
地給出的東西作了片斷的、不充分的翻譯。這種內在矛盾確
實屬於真理的固有特性。雖然如此，絕對真理與有限真理之
間的分別仍然是要保持的，因為簡單說來，前者在智力上是
無法改正的。**⑮**

　　絕對真理不能由智力來改正，只能由超出智力的東西來改正，
也就是由經驗中留下的方面來改正。改正的結果，真理的固有性質
就轉變而消滅了，絕對真理也就不成其為真理。任何有限真理卻受
智力的改正。總之，真理是經驗的一個方面，受它所不包括的東西
的限制，是不完全的。絕對真理就是這樣，儘管它對所有可能真的
和實在的東西給出了一般類型和特徵。實在就其一般特徵而言是完
全知道的；但就它的全部細節而言，它不是已知的，也永不可能是
已知的。真理是有條件的，而且它不能在智力上被超越。

第四節　幾點評論

一、關於內在關係說

　　內在關係說是布拉德雷構造絕對唯心主義哲學體系的得力工
具，首先對內在關係說發難的哲學家是穆爾 (G. E. Moore, 1873–
1958)和羅素(B. Russell, 1872–1970)。

　　穆爾在1903年發表了一篇著名論文，題為〈駁唯心主義〉。在這
篇論文中，穆爾把布拉德雷的內在關係說概括為：斷定兩個不同的

---

⑮　*AR*, pp.482–483.

事物既是不同的，又不是不同的；事物間的區別是被肯定了，但又斷定不同的事物組成一個「有機統一體」； 既然組成了這樣一種統一體，那麼每個事物離開了它同其它事物的關係，它就不是其所是了；因此，就其本身考察每一事物，就是做了一種不合法的抽象。穆爾雖然沒有引證布拉雷的原文，但是抓住了內在關係說的要害。穆爾批判了這種學說的錯誤。穆爾指出，一個抽象是不合法的，當且僅當我們企圖把僅僅適用於一個部分所屬的全體的東西用來斷定這個部分（某種被抽象的東西）。 這個原則被用來斷定：某些抽象在任何情況下都是不合法的；不管何時，你試圖對凡是屬於一個有機統一體的任何部分加以斷定，你的論斷只有在關於那個全體的情況下，才可能是正確的。穆爾認為，這個原則非但不是一個有用的真理，而且必然是錯誤的；因為如果在所有命題中以及為了所有的目的，全體都可以而且必須用來代替其部分，那麼這只能是由於全體和部分是絕對等同的。因此，說綠和綠的感覺肯定是有區別的，但又是不可分離的，或者說離開其中之一而單獨考慮另一個東西是一種不合法的抽象的時候，所斷定的是：雖然這兩種東西是有區別的，但你不僅能夠而且必須把它們看成是無區別。穆爾指出，當許多哲學家承認這種區別的時候，他們卻又追隨黑格爾大膽地用一種略更含混的說法斷言他們也有權否認這種區別；有機統一的原則主要是用來為同時主張兩個相互矛盾的命題的行為辯護的。按照穆爾的看法，從內在關係說導出的「有機統一體」和禁止「不合法抽象」的原則是一種謬誤，用全體否定了部分，用統一否定了區別，同時主張兩個相互矛盾的命題。

羅素對內在關係說先後做過幾次有力的批判。他在 1900 年的《萊布尼茨哲學述評》中批判了萊布尼茨(Leibniz, 1646–1716)的形

而上學，指出他的形而上學以內在關係說為基礎，這個學說認為，每一命題是把一個謂詞加到一個主詞上，並且每一事實是由具有一種屬性的本體而成。羅素在書中指出，斯賓諾莎（1632-1677）、黑格爾和布拉德雷也以這同一個學說為基礎，只是以更嚴密的邏輯性發展了這個學說。

羅素在1903年出版的《數學的原則》中提到布拉德雷有十次之多，主要是批判布拉德雷的內在關係說和主謂命題模式說。羅素在這本書中把內在關係說分成兩種：單子論的理論和一元論的理論，前者以萊布尼茨和洛采(Lotze, 1817-1881)為代表，後者以斯賓諾莎和布拉德雷為代表。羅素以不對稱的關係命題為例分析批判了這兩種理論。單子論的內在關係說是把不對稱命題等價於兩個不同的命題，一個關係到a的形容詞，另一個關係到b的形容詞。如把「a大於b」分析為兩個命題：「a是大於b的」和「b是小於a的」。這顯然是錯誤的。第一，由於a和b有不同的形容詞，因而它們就有一種特殊的差異。但在「a大於b」中，a和b並沒有相應於關係「大於」並先在於此關係的內在差異；如果它們有差異，那麼差異點本身一定具有類似「大於」的一種關係，這等於什麼也沒有得到。第二，形容詞是複合的，是由關係和兩個項之一組成的；「大於b的」和「小於a的」這兩個形容詞都預設了關係「大於」，是從大於關係導出的。因此大於關係是外在的、根本的。以上的分析對一般的不對稱關係都有效。羅素把布拉德雷的一元論的內在關係說歸結為：每一關係命題aRb被分析成由a和b所組成的整體的一個命題，用符號表示為(ab)R。例如，「a大於b」是關於整體(ab)的一個陳述：「(ab)包含著量值的不同」。 羅素指出，在這個關於整體的陳述中，未指明不對稱關係「大於」的指向，整體(ab)關於a和b是對稱的，因此，整體

的性質在a大於b和b大於a的情況下是完全一樣的。為了區別整體(ab)和(ba)，就要從整體回到其部分及它們的關係。但(ab)和(ba)恰恰是由同樣的部分組成的，不管在哪一方面都無法作出區別。「a大於b」和「b大於a」都是包含同樣成分的命題，因此產生了同樣的整體，它們的差別只在於：在第一個情況下，「大於」是a對b的關係；而在第二個情況下，是b對a的關係。由此可見，一元論的內在關係說根本不能說明不對稱關係和它的逆關係之間的區別。羅素還從整體和部分的關係來進行論證。這種關係本身是一個不對稱關係，整體不但在分別的意義上而且在集合的意義上都與它的一切部分不同。因此，「a是b的部分」，按一元論的內在關係說，是對由a和b組成的整體(ab)有所斷定，這個整體與b是不相混同的。這最終也會導致整體關於其部分是對稱的結論，導致「a是b的部分」與「b是a的部分」無法加以區別。羅素指出，一元論者最後不得不採取這樣的觀點：唯一真的整體，即是絕對，是完全沒有部分的；沒有一個命題是完全真的。

羅素於1907年在亞里士多德學會宣讀了一篇論文，題為〈論一元論真理觀〉。這篇文章主要批判布拉德雷的信徒喬齊姆(H. Joachim)的真理觀，同時也順帶批判了布拉德雷的內在關係說。羅素認為，喬齊姆和布拉德雷的真理觀都以內在關係說為基礎。他把內在關係說概括為：每種關係都是以相關的項的性質為基礎的，並稱之為「內在關係公理」。內在關係公理可以有兩種意義：一是每種關係是成自項的性質或成自項所構成的整體的性質，二是每種關係在這些性質中有一種根據。但這兩種意義的區別並不重要，內在關係說的倡導者並未對這兩種意義加以區分，他們把一個命題和它的結果等同起來。從內在關係公理導致什麼結論呢？⑴一元論的真

理觀，即認為真理是一個有意義的整體。因為每一部分就要有一種性質，這種性質對每一別的部分或整體表示其關係；因此，如果任何部分的性質完全明白了，整體以及每一部分的性質也就完全明白了；反過來說，若是整體的性質完全明白了，那就包含它對每一部分的關係的知識,因此也就包含每一部分對每一部分的關係的知識，所以也就包含每一部分的性質的知識。如果真理是一個有意義的整體，那麼內在關係公理就一定是真的。因此，這個公理就等於一元論的真理學說。(2)假定我們不區分一件事和它的性質，由這個公理可得：考慮任何事物，若不就其對整體的關係來考慮，必是徒勞無功的。因為，如果我們考慮「甲和乙相關」， 這個甲和這個乙也和任何別的東西相關。說甲和乙是什麼，就意味著與宇宙間任何別的東西有關係。如果我們只考慮甲所借以與乙相關的那一部分性質，我們可以說是考慮與乙相關的那個甲；但是這是考慮甲的一種抽象的方法，並且只是一種部分為真的方法。因為甲的性質（這和甲是一回事）包含甲對乙的關係的根據，也包含甲對所有別的東西的關係的根據。所以，若不說明整個宇宙，是絕不能把甲說得真切的；那麼，對甲的說明就和對所有別的東西的說明是一件事，因為各種事物的性質一定都表示同一個關係系統。(3)不存在「關係」， 不存在很多事物，而只有一件事物。得到這個結論是因為考慮到多的關係。羅素引用了布拉德雷的一段話：

> 實在是一。它必須是單一的，因為把多看成是實在的，多就是自相矛盾的。多蘊涵著關係，並且由於其關係，它就無可奈何地總要肯定一個高級的統一體。**⓰**

⓰ *AR*, p.460.

按照內在關係說，如果真有兩件東西，甲和乙（這是多），完全把這多化為甲和乙的形容詞，就是不可能的；必須是甲和乙應有不同的形容詞，並且這些形容詞的「多」不能解釋為它們又有不同的形容詞，不然就要有無窮倒退的毛病。因為當甲有「不同於乙」這個形容詞、乙有「不同於甲」這個形容詞的時候，如果我們說甲和乙不同，我們必須假定這兩個形容詞是不同的。那麼，「不同於甲」一定有「不同於『不同於乙』」這個形容詞，這個形容詞一定不同於「不同於『不同於甲』」，如此等等，以至無窮。我們不能把「不同於乙」當做一個不需要進一步還原的形容詞，因為我們要問所謂「不同」是什麼意思。它事實上是從一種關係得來的一個形容詞，不是從一個形容詞得來的一種關係。由上所說，如果真有多，那麼就一定有一個不能還原為「形容詞不同」的多，就是說，其原因不在不同的項的「性質」中。因此，如果內在關係公理是真的，結果必然是沒有多，只有一件東西。這樣，內在關係公理就等於本體論上的一元論的那個假定，就等於否定有任何關係存在。凡是我們覺得有一種「關係」存在，其實這是一個關於整體的形容詞，這個整體是由所假定的那個關係的項而成的。⑷由上可見，內在關係公理等於這樣一個假定：每個命題有一個主詞和一個謂詞。因為一個肯定一種關係的命題必總是可以化為一個主謂命題，這個命題是關於關係中的項所構成的那個整體的。這樣朝著越來越大的整體向前進，我們就漸漸改正了我們最初的一些粗疏的抽象的判斷，越來越接近於那個關於整體的真理。那個最後的完全真理一定是成自一個具有一個主詞（即整體）和一個謂詞的命題。但是，因為這包含區分主詞和謂詞，好像它們可以是多，甚至這也不是全真，最多我們只能說「在智力上」，它是「無法改正的」，也就是說，其為真不亞於任何

係，其結果是，如果它們不是這樣互相關連，各種可以想像的結果就會隨之而來。所以，上面的陳述方式可以改變為：「如果甲和乙在某方面有關係，那麼任何不這樣關連的東西就不是甲和乙，因此，在它們中一定是有某種東西，這種東西對它們現在那樣互相關連是極其重要的。」 羅素進一步指出，這只能證明，不像甲和乙那樣有關係的東西一定是同甲或乙在數量上有所不同，並不能證明形容詞的不同，除非我們假定內在關係公理為真。所以，這個論證只有修辭上的力量，不能證明其結論而不陷入惡性循環。總之，為內在關係公理提供的根據或充足理由歸根結底還得靠內在關係公理，這是一個循環論證。因此，布拉德雷實際上沒有給內在關係公理提供根據。

羅素接著舉出三個根據來反對內在關係公理。(1)實際貫徹這個公理是困難的。上面已經舉過「甲不同於乙」的例。羅素又舉了一個例。假定一本書比另一本書大，我們可以把兩本書的「比……大」化為兩本書的形容詞，說一本的大小是如此如此，另一本的大小是如彼如彼。但是一本的大小一定是大於另一本的大小。如果我們想把這種新的關係化為兩種大小的形容詞，這些形容詞仍然必須有一種相當於「比……大」的關係，等等。因此，若不陷於無窮倒退，我們最終會達到一種關係,這種關係不能再化為相關的項的形容詞。這種論證特別適用於所有不對稱的關係，即甲與乙有而乙與甲沒有的那種關係。(2)如果堅持內在關係公理，就必須假定：一個項和它的性質並不是兩回事。因為如果一個項與其性質不同，那麼它一定是和性質有關係；一個項對它的性質的關係，若不陷入無窮倒退，就不能化為不是一種關係的那種東西。如果項與性質是一回事，那麼，每個把一個謂詞加於一個主詞的真命題，就完全是屬於分析性

的;因為那個主詞是它自己的整個性質,那個謂詞是性質的一部分。但是,如果是這樣,那麼把同一主詞的一些謂詞連到一些謂詞上去的那個聯繫物是什麼呢?如果主詞不過是自己的一些謂詞的一個系統,則謂詞的任何偶然的結合就可以說是構成一個主詞。如果一個項的「性質」是由一些謂詞而成,同時又和項本身是一個東西,那就無法理解「是否S有P這個謂詞」這句問話的意思,因為這不能有這樣的意思:「P是解釋S的意思的時候所列舉的若干謂詞中的一個嗎?」 可是,按內在關係說,似乎很難見到這能有什麼別的意思。我們不能企圖在謂詞與謂詞之間引入一種連貫關係,由於這個關係,這些謂詞可以稱為一個主詞的謂詞;因為這就會把「加謂詞」置於關係的基礎上,而不是把關係化為加謂詞。所以無論是肯定或否定一個主詞不是其「性質」, 我們都要陷入同樣的困難。⑶內在關係說只承認一,不承認多。它導致一種嚴格的一元論,只有一種東西,只有一個命題,這一個命題(這個命題不只是唯一的真命題,而且是唯一的命題)把一個謂詞加到這一個主詞上。但是這一個命題不是全真,因為它包含把謂詞和主詞區別開。可是這就產生了困難:如果加上謂詞包含著謂詞和主詞的不同,並且如果這一個謂詞並不是與這一個主詞有區別,那麼,我們就會認為不可能有一個把這一個謂詞加到這一個主詞上去的假命題。因此,我們就不得不假定:加上謂詞並不包含謂詞與主詞的不同,並且這一個謂詞和這一個主詞是同一的。為了解釋表面上的多,最重要的是要否定絕對的等同,保留「差異中的等同」。 但困難是,如果我們堅信嚴格的一元論,「差異中的等同」是不可能的,因為「差異中的等同」包含很多部分的真理。這很多部分真理結合為一個全體真理。但這些部分真理,在嚴格的一元論上,不僅是不是全真的,而且它們是完全不存在的。

如果真有這樣的命題，不管是真是假，就要產生「多」。總之，「差異中的等同」這一整套想法是和內在關係公理不相符的；可是沒有這套想法，一元論就無法說明這個世界。

綜合以上的分析，羅素得出結論說：內在關係公理是錯誤的，以它為基礎的那些部分是沒有根據的。羅素認為，某種關係可以存在於很多成對的項之間，某項對不同的項可以有很多不同的關係。要解釋關係，不需要「差異中的等同」，有同而且有異，複合體可以有些成分是同的，有些成分是異的；但是，對於可以舉出來的任何成對的事物，我們不必再說它們「在某種意義上」又同又異。這樣我們就得到一個許多事物的世界。它們的關係不能得自相關事物的一種所謂「性質」。在這個世界裡，凡複雜的東西都是成自有關係的簡單事物。因此，我們的分析就不會陷入無窮倒退。羅素把他的關係理論命名為「外在關係說」，以與布拉德雷的「內在關係說」相對立。羅素的關係理論十分豐富，博大精深，在數學和數理邏輯的發展史上起了巨大的作用，有興趣的讀者可參看拙著《數理邏輯發展史——從萊布尼茨到哥德爾》，❶這裡不贅。

我完全贊同穆爾和羅素對內在關係說的批判，特別是羅素的批判從根本上摧毀了內在關係說。這裡，我做幾點補充批判。⑴布拉德雷認為，如果關係不是由關係項組成的整體的屬性，那麼就會產生關係同它的項之間的關係問題，陷入無窮倒退。這一論證是不能成立的。在關係命題 aRb 中，比如說在「3 大於 2」中，「大於」是「3」和「2」之間的關係，它不是 (3，2) 這個整體的屬性，因為如果它是 (3，2) 的屬性，那麼它也是同一個整體 (2，3) 的屬性，即

---

❶　張家龍：《數理邏輯發展史——從萊布尼茨到哥德爾》，社會科學文獻出版社，北京，1993。

「2大於3」也是真的，顯然這是荒謬的。當我們說關係「大於」外在於或獨立於項「3」和「2」時，我們的意思是說，「大於」不只是存在於(3，2)之間，而且存在於(2，1)、(4，3)、(4，2)、(4，1)、(5，4)、(5，3)、(5，2)、(6，5)等等數偶之間；此外，這些數偶還是有序的，如果次序顛倒了，它們之間的關係就不是「大於」關係，而是其逆關係「小於」，雖然這些數偶作為整體並沒有改變（數偶的不同次序並不改變它是同一個整體）。因此，主張外在關係說，並不是主張在關係命題中的關係同項一樣處於同等地位，也變成了一個項。在「3大於2」中，根本不會發生「3」和「大於」或者「2」和「大於」之間有什麼關係的問題，也就是說，這是一個毫無意義的問題。所謂「無窮倒退」是布拉德雷杜撰出來的。⑵布拉德雷認為，每一空間是一個整體，在其中各部分在各種可能位置上已產生內在關係，並且彼此互相決定；當空間中的事物由一種排列關係變為另一種排列關係時，由於整體的特徵發生了變化，因而空間中事物的性質也發生了變化。這實際上是認為，事物的簡單位移就要改變事物的性質。顯然這種看法是不符合實際情況的。例如，按布拉德雷的看法，「甲在乙的左邊」決定了一個排列，一個整體。「＿＿ 在 ＿＿ 的左邊」這個關係是整體（甲，乙）的屬性。當甲移到乙的右邊時，產生了一個新的排列，「＿＿ 在 ＿＿ 的右邊」這個新關係也是整體（甲，乙）的屬性。我們能不能說，經過位移，甲、乙兩個事物的性質發生了變化呢？當然不能！我們完全承認，甲、乙兩個事物可以處在不同的物質系統中；但是，這恰恰表明：同樣的項可以有不同的關係，也就是說，關係是外在的，不是一個整體的屬性。⑶布拉德雷認為，同一性或相似性這樣的比較關係只存在於整體中。在整體有差異的地方，限制它的項也一定是有差異

的，因此諸項由於變成一個新統一體的成分，它們一定發生了變化。他以兩個人長著同樣的紅頭髮為例論證了這個看法。為此，他構造了兩個整體：一是把人包含在一個可感覺的整體中，二是把人本身加以分析之後再綜合起來的整體。他認為，由於整體的變化，因而在後一整體中的兩個人也發生了變化。我們不能同意這種觀點。在關係命題「兩個人在長著紅頭髮方面是同樣（相同）的」或「甲長的紅頭髮相同於乙長的紅頭髮」中，比較的是紅頭髮的相同關係，這是確定的。布拉德雷所構造的兩個整體，並不是不同的兩種關係，而是表達對紅頭髮的相同關係進行比較的兩種方法。兩種方法的不同並不表示原來的關係有了改變，更不表示原來的關係項「甲的紅頭髮」和「乙的紅頭髮」有了性質的變化。布拉德雷的例子恰恰說明，同一個關係可以構造不同的整體，關係決不是整體的屬性。(4)布拉德雷的關係階段論是一種虛構。羅素從邏輯上有力地證明了內在關係說必然導出沒有關係的結論。因此，所謂從前關係階段（低於關係的階段）經過關係階段到超關係階段的發展實際上是沒有任何發展，布拉德雷的根本目的是否認關係，把數目、空間、時間、物質都說成處於關係之中，是自相矛盾的，都不是實在的；只有超關係的「絕對」是實在的。(5)羅素證明內在關係說不能適用於不對稱關係，那麼它能不能適用於對稱關係呢？我們的回答仍是否定的。今以同一（等同）關係為例。我們說「晨星和昏星是同一的」或「晨星同一於昏星」，也可以說「昏星同一於晨星」，這兩個關係命題是等值的，因為同一關係具有對稱性。（晨星，昏星）這個整體與（昏星，晨星）這個整體是一樣的，能否證明同一關係是（晨星，昏星）或（昏星，晨星）這個整體的屬性呢？或者問：內在關係說是否適用於「晨星同一於昏星」呢？我們的答覆是：同一關係不是（晨星，

所說：「實在是精神的。……在精神之外，沒有、也不可能有實在；任何東西越具有精神性，它也越是真正的實在。」❷由此可見，他的絕對類似於黑格爾的絕對理念或絕對精神，他的絕對唯心主義體系是一種客觀唯心主義。但是，這種客觀唯心主義的體系與黑格爾的有所不同，明顯地帶上了主觀唯心主義的色彩。他把絕對等同於實在，等同於感知經驗，斷言在心靈存在之外沒有任何存在和事實。但是，布拉德雷為了避免主觀唯心主義，硬把經驗加以客觀化，他作了這樣的辯解：說實在是感知經驗，並不意味著實在是主觀的，因為感知經驗的概念是先於主體與客體的區別的。

　　穆爾在〈駁斥唯心主義〉一文中一針見血地指出，曾被用來證明實在是精神的一切論證，都是把「存在就是被感知」作為它的前提之一而從中推出這一結論的。穆爾的話深刻地揭露了布拉德雷的客觀唯心主義與貝克萊 (B. Berkeley, 1685–1753) 的主觀唯心主義之間的聯繫。「存在就是被感知」是貝克萊的名言，布拉德雷與此相當的說法是：「所謂實在，甚至單純的存在，是必定要落入感知的範圍的。總之，感知經驗就是實在，凡不是感知經驗的就不實在。換言之，我們可以說，在我們通常所說的精神存在之外，是沒有任何東西、任何事實的。感覺、思想、意志（我們歸之於精神現象下的任何一類東西）都是存在的材料，此外沒有別的材料，不管是現實的，還是可能的。」❸「實在是精神的」就是據此而得到的。

　　上文所說的關係階段論是現象和實在的本體論的基礎。我們已經證明了內在關係說必然否定關係的存在。布拉德雷本人也認為，關係階段是稍縱即逝的權宜之計；在「關係框架」中的形形色色的

---

❷　*AR*, p.489.

❸　*AR*, p.127.

現象要求突破這種框架，經過「關係之路」，走出矛盾，而達到實在。因此，在從現象發展到實在的過程中，從帶有較少實在性的現象發展到帶有較多實在性的現象從而發展到實在的過程中，布拉德雷所使用的辯證法具有明顯的機械性。他認為，在低於關係的階段，「絕對」呈現為諸多直接的統一體，只有統一，沒有矛盾；在關係階段呈現的現象中，只有矛盾，沒有統一，而矛盾就意味著不實在；在超關係的實在階段，達到了無矛盾的統一。可見，布拉德雷拋棄了黑格爾辯證法的核心——對立統一規律，陷入機械論的泥坑。他的關係階段論實際上是無關係論、無矛盾論，完全否定了矛盾的普遍性和事物之間的相互聯繫。堅持辯證法就應當承認矛盾的普遍性，即矛盾存在於一切事物之中並存在於一切過程的始終，並應當承認任何事物總有與之相聯繫的事物。但是，布拉德雷孜孜以求的實在卻是一個單一的、無所不包的、無矛盾的整體，顯然，這樣的實在只能是反辯證法的東西。

由上所說，我們可以發現，在布拉德雷的絕對唯心主義本體論體系中，一方面有辯證法因素，如承認現象性的東西帶有不同程度的實在性，從現象到實有一個發展過程，關係階段的矛盾是超出現象階段的動因，這些是應當肯定的；但是另一方面，他的體系從總體上說是機械的、反辯證法的。這是布拉德雷的本體論體系中不可克服的矛盾，也是他的體系的根本特點。

三、關於直接經驗、關係經驗和絕對經驗

我們曾經指出，布拉德雷絕對唯心主義體系的本體論和認識論是一致的。絕對在認識論中展開為從直接經驗經過關係經驗到達絕對經驗的過程。這一過程的基礎同本體論一樣是內在關係說，特別

是關係階段論。隨著內在關係說的垮臺，認識論的基礎也就從根本上被動搖了。首先，我們要問：什麼是「經驗」？ 按照布拉德雷的論述，作為哲學概念的「經驗」是「絕對」在前關係階段、關係階段和超關係階段的呈現，因此，在經驗之外沒有什麼東西存在。這樣，他就對經驗作了一個無所不包的解釋，把經驗的主體、客體、經驗的活動及其結果全都包括在經驗之中。這是十分荒謬的。作為認識論的概念，經驗是指人們在同客觀事物直接接觸的過程中通過感覺器官獲得的關於客觀事物的外部聯繫的認識，也就是感性認識。唯物主義經驗論認為經驗來源於客觀事物，是認識的起點。感性經驗是外間事物作用於人的感官引起的，是對外間事物的反映。布拉德雷的絕對唯心主義否認經驗的客觀來源，認為經驗是神秘的「絕對」賦予的。因此，他所說的經驗也就成了一種神秘的東西。就他承認認識開始於直接經驗而言，他的認識論是一種經驗論，但是這種經驗論是一種新形式的絕對唯心主義的經驗論。布拉德雷的直接經驗是一個渾沌的感覺團，無主體、客體之分，但是具有諸多有限的經驗中心使「絕對」得以呈現。這種直接經驗與唯物主義經驗論的感覺經驗是風馬牛不相及的，來源於神秘的「絕對」。 由直接經驗向關係經驗的發展是靠感覺內容的有限性和感覺團這個整體的無限性的衝突，實際上也是「絕對」的推動。在布拉德雷看來，關係經驗（思想、意志等）是假的，是不實在的，屬於現象。這樣，直接經驗和關係經驗都是認識的低級階段，達到絕對經驗才是認識的高級階段。布拉德雷對認識過程的描述完全不符合人的認識過程。事實上，人們在社會實踐中，產生了對外間事物的感性認識（感覺、知覺、表象）， 社會實踐的繼續，使人們在實踐中引起感覺和印象的東西反覆了多次，於是在人們的腦子裡生起了一個認識過程中的

飛躍，產生了概念，在此基礎上，運用概念以作判斷和推理，這就是理性認識的階段。布拉德雷把關係經驗（思想等）說成是假的、不實在的現象，完全否定理性認識。在布拉德雷那裡，理性認識是完全沒有的，對絕對經驗的認識是「絕對」的自我認識，除了「絕對」以外，什麼都不是真的，這個「絕對」只能思維它自己，沒有什麼別的東西它可以思維。

由上可見，布拉德雷的認識論體系與本體論體系一樣包含著辯證法和機械論、反辯證法的矛盾。從他承認認識有一個發展過程、感覺和思想由於自身的矛盾而超出自身來說，這是辯證的；從他認為關係經驗因含有矛盾而是假的、直接經驗和關係經驗是一個無矛盾的整體來說，這是機械的、反辯證法的。他的「絕對經驗」就是反辯證法的典型。布拉德雷認為，絕對經驗是和諧的、無所不包的、直接的統一體，有限的智力只能認識它的一般特徵，而無法認識它的細節。怎麼才能認識它的細節呢？他不得不求諸「直覺」、「本能」和「信仰」，下面我們引證他的幾段言論：

> 它（指「絕對」——引者註）是完全的經驗，和諧地包含一切成分。在那裡，思想當會呈現為一種更高的直覺；意志就會處在觀念已變成實在的地方；美、快樂和感覺也都會在這種完整的實現中生存下去。[22]

> 形而上學是尋找一些壞的理由來為我們本能所信仰的東西作辯護，而尋找這些理由也仍然是一種本能活動。[23]

---

[22] *AR*, p.152.

[23] *AR*, p.x.

哲學所要求的，就是那種可以恰當地稱為信仰的東西，並且最終建立在它的基礎之上。❷❹

即使我願意承認，我的形而上學是錯的，然而我想，沒有什麼東西能使我相信我的本能是不正確的。❷❺

由上可見，布拉德雷認為，本能所信仰的東西、直覺的東西高於一切，這就是「絕對」或「實在」。形而上學和哲學建立在這種本能、信仰和直覺的基礎之上，它找出來的「理由」不如「本能」所信仰的東西真實、實在，故為「壞的理由」，但也無妨，還有「直覺」、「本能」和「信仰」來補充。因此，布拉德雷的認識論不得不以神秘主義和信仰主義而告終。

四、關於真理

布拉德雷從絕對唯心主義的認識論出發，把真理的本性與實在聯繫在一起，認為真理是觀念形式的實在，是對實在這個整體的認識。這是我們不能同意的。在布拉德雷那裡，「實在」等於「經驗」等於「絕對」，因此所謂真理就是用觀念形式去描述「絕對」。由於「絕對」是一個子虛烏有的東西，因而關於它的真理也就是子虛烏有的東西。我們認為，真理是對客觀物質世界規律性的正確反映，正確反映的結果是用命題形式組成的各種系統，如物理學真理、數學真理。布拉德雷認為，真理系統只有一個，就是關於實在的。這是內在關係說的一個結論，是不能成立的。

❷❹　*TR*, p.15.

❷❺　*TR*, p.268.

在布拉德雷關於真理本性的論述中有幾點是值得我們注意的：⑴真理具有可錯性和相對性，不可能有永不出錯的真理。⑵錯誤中包含著真理。⑶絕對真理也不是完全真的。這些觀點是布拉德雷認識論中極有價值的內核，它們辯證地對待真理特別是絕對真理，也辯證地對待錯誤。這對於那些思想僵化的教條主義者、獨斷論者具有重要的啟迪作用。

關於真理的標準問題，由於布拉德雷把實在和絕對經驗等同，因而真理的目標就是認識實在和絕對經驗，其標準只能是智力滿足。智力滿足是一種精神狀況和情感，把它用來作為一般真理的標準是完全錯誤的：⑴真理的標準不應當是獲得真理時的一種精神狀態和情感，而應當是能為這種精神狀態和情感提供解釋的一整套程序之根據。⑵這樣的根據即檢驗真理的標準就是社會實踐，包括生產鬥爭、政治鬥爭、科學實驗等等。凡是在社會實踐中得到證明的理論，就是真理；否則就是謬誤。當然，檢驗一個理論是否是真理，要受各種條件的限制，因而是一個長期的過程。但是，真理最終一定能戰勝謬誤而確立起來，如日心說戰勝地心說就是一個很好的例證。智力滿足的標準無法代替社會實踐標準及其在社會實踐基礎上形成的一套歸納和演繹的檢驗程序和方法。日心說在很長的一段歷史時期內曾被認為是毒草，如果說，這是不能滿足智力的要求，那麼當它經過實踐的檢驗成為香花時就滿足智力的要求了。由此看來，智力滿足是很不確定的，它無法取代社會實踐的標準。⑶如果把智力滿足作為真理標準就會把謬誤當成真理。例如，地心說在相當長的一段時期內占統治地位，被認為是香花，可以說使智力得到了滿足。但是，天文學的科學實踐證明，地心說是錯誤的。不止於此，人類曾經對一些後來被證明為謬誤的理論在很長的歷史時期智力上是感

到滿足的，例如，燃素說、原子不可分的理論、物體越重加速度越快的理論、天圓地方說，等等。我們對這些一度在智力上使人們滿足的謬誤，完全有科學理由加以解釋，有的是因為統治者的需要，有的是因為科學不發達，等等。

把融貫性作為真理的標準行不行呢？當然不行，融貫性實質上同智力滿足是一樣的。真理的標準是融貫，融貫的標準又是什麼呢？就是不自相矛盾。採用融貫性作標準實質上就是採用智力滿足作標準，因為智力要求避免矛盾。這就帶來了同樣的困難：(1)如果融貫性是真理標準，那麼它在不同時期應當是同一的。但在不同時期符合融貫性的同一個理論，在一個時期是「真理」，到了另一時期卻可以變成謬誤，如地心說，它是一種融貫的理論。由此可見，融貫性不能作為真理標準。(2)如果融貫性是真理標準，那麼符合融貫性的東西就不可能是謬誤。但是，歷史事實證明，有一些被證明為謬誤的理論，如地心說、燃素說等等，它們在理論內部也是融貫的。這也表明，融貫性不是真理的標準。

第三章 邏輯學

布拉德雷的邏輯學是認識論的一個有機組成部分。在絕對唯心主義的認識論中，邏輯學屬於關係經驗中的理論方面 —— 思想，是思想的展開，是通向實在和絕對經驗的一條必經之路。本章我們對布拉德雷的邏輯思想進行述評。

第一節 判斷論

一、判斷和觀念

布拉德雷的邏輯思想很獨特，一反傳統的以觀念或概念開始的定規，而從判斷開始。所以，他認為有必要把觀念和判斷的相互關係作為首要問題提出來討論。

他認為，凡不存在是非真假的知識的地方，就無所謂判斷；而是非真假既然建立在我們的觀念對實在的關係之上，所以一說到判斷就不能沒有觀念。從邏輯的觀點來看，觀念就是符號。他說：

無論什麼東西都可以分為兩方面：(i)存在和(ii)內容。換句話說，就是我們可以察覺有了那個東西，又知道它是什麼東西。

但是，一個符號除了這兩方面外，還有第三方面，即它的意義，或它所意味的東西。❶

布拉德雷認為，「那個」(that)、「什麼」(what)、「意味」等分辨都暗含著判斷。無論什麼地方你只要有這樣的分辨，你就超越了現象而有了一個觀念。他指出，既然有了一件事實，它就必得有其本身的存在。只要它是現實的，它就一定具備某種特性，與其他事物有所不同或有所區別。而這個使它所以成為那樣的東西，我們稱之為內容。例如，知覺所包含的各種各樣的性質和關係便構成它的內容，即知覺之所以為知覺；認識了這個內容，同時也就認識了那個存在。這就說明，每一種事實都具有存在和內容兩方面。但是有一類事實還具備第三方面，含有一種意義，無論怎樣一種事實，只要和某一意義聯繫起來加以使用，我們都可以用一種記號去了解。任何一件東西能夠代表別的事物，這時它就是一個記號。這種東西除了自己的存在和內容而外，還有其第三個方面──意義。例如，每一種花都是存在的，都有其自己的性質，然而並非每一種花都另有它的意義。有的花根本不表示什麼，有些花代表一個名種，有些花可以象徵希望和愛情。但不管怎樣，花本身決不能就是它所意味的東西。一個符號就是一個事實，代表別的東西；它作為符號，就捨棄了它的具體個性和本身存在，而具有普遍性。例如，我們選擇的是這朵玫瑰花或者是「毋忘我」，而不是別的花，這都沒有關係。我們把它贈給愛人，或從朋友手上接過來，就是為了它的意義，而這個意義在花已凋殘許久之後，還可以證明是真的還是假的。一個事實成了符號之後，便不再是事實。它已經不是為了它的本身而存

---

❶ *PL*, p.2.

在，它的具體個性即消逝於它的普遍意義之中。它已經不再是一個實體，而成為附加於他物的形容詞了。可是，從另一方面看，這個變化不能完全算為損失。正因為它本來的性質消融在更廣大的意義裡，所以它才能超越其自身，與他物相關聯，成為他物的表徵，從而開闢一個新的天地，獲得前所未有的功能。總之，記號或符號就是有了意義的任何一種事實，所謂意義就是這一事實內容（原有的或獲得的）的一部分，由我們的心靈作用把它分割開來，使之固定化，並脫離記號或符號的存在而加以考察。說到這裡，觀念究竟具有何種性質呢？布拉德雷寫道：

> 一個觀念，當它代表某種意義而為我們所利用的時候，便既不是自哪一方面所給予，也不是當下呈現，而是我們所選擇採用。它本身是不能存在的。它不可能是在時間和空間裡有其一定地位的事件。它不能是我們頭腦裡面的事實，也不能是我們頭腦外面的事實。就觀念自身來說，它只是一個無有著落的形容詞、暫失依附的寄生物、游離無定在尋找歸宿的精靈、離開具體的抽象、一個單純的可能性而單就自身來說不是任何東西。❷

布拉德雷在給判斷下定義前討論了判斷所包含的觀念即意義的問題。他分兩個方面來討論。第一，我們在判斷中用作謂詞的觀念，決非我們本然的心理狀態。「鯨魚是哺乳動物」這一判斷，決不是用哺乳動物的意象來描述實在的鯨魚。因為那個意象只是屬於我的，是我的歷史中的一個事件，決不能進到真實的鯨魚裡面去。

❷ *PL*, pp.8–9.

第二，我們知道我的頭腦裡面的「哺乳動物」不光是哺乳動物，而且混合著為哺乳動物所沒有的各種特色和性質；所有這些可隨這個意象每一次的出現而不同。試問：判斷中所用是否就是這全部的意象呢？是否這就是所謂意義呢？回答是否定的。我們有紅色的觀念、臭氣的觀念、馬的觀念和死的觀念。當我們說玫瑰花是紅的、煤氣有臭味、那白的動物是一匹馬、某人真的死了之時，我們的觀念都是真的，都是指實在的東西。但是這個紅色的觀念可能原來由於看見一個龍蝦而起，臭味的觀念也許屬於蓖麻子油的氣味，想像的馬也許曾經是一匹黑馬，死的意識可能是來自萎謝的花。但這些觀念都是不對的，都不是我們在判斷中所使用的。我們真正使用的是它們內容的一部分，被我們的心智固定化，而成為一般的意義。由上所說，用在判斷裡面的觀念乃是普遍性的意義，決不是偶然的想像，更不可能是全部心理事件。

判斷究竟是什麼呢？布拉德雷說：

> 判斷本身是一種活動，它把一個觀念的內容（本身所認識的）指稱其本身活動以外的一個實在。❸

所謂觀念的內容就是邏輯觀念，也就是意義。例如，我們有了海蛇的觀念，光是這個不能算作判斷。讓我們開始探問，是不是有海蛇存在？「海蛇存在」是實際上真實的，還只是一個觀念？由此出發，我們可以進一步作出判斷：「海蛇是存在的」。我們在作出這個判斷的時候，用了海蛇這個形容詞來修飾實在世界，而且在這樣做的時候認識到，除了我們的活動之外，這個世界是這樣被修飾的。

---

❸ *PL*, p.10.

所謂一個判斷的真是指它所提示的不止一個觀念，而是一個事實或在事實之中。當然，這個觀念當作實在事物的形容詞來用時並不是照舊仍是一個不確定的普遍性；假如海蛇是存在的，它就必得是一個確定的個體；如果我們知道了整個的實情，那就會明確描述它是如何生存的。

我們要注意，布拉德雷所說的「觀念所修飾的實在」是「判斷的主詞」，而不是文法的主詞。他認為，文法的主詞是一個抽象的共相，而邏輯的主詞是真實的主體，是究極的實在，也就是具體共相；判斷就是對於某種事實或實在有所說明。他說：

> 真正的判斷乃是說明，S-P為一種實在事物x強加於我們的心智之上。而這個實在，不管它是什麼東西，便是判斷的主詞。❹

這就是說，真正的判斷乃是肯定S-P與x有連帶關係。他又說：

> 所有的判斷歸根結底都歸屬於主詞和屬性的項目之下：每一判斷最後都肯定主詞是同一之中的差異，同時又是差異之中的同一──這個主詞同時是究極的而又是特殊的實在。❺

布拉德雷在《邏輯原理》一書中，雖然把判斷作為邏輯的起點，而沒有把觀念作為邏輯的起點，但給人的印象似乎是認為觀念可以看成一種本身完整的東西。因此，他在《真理與實在論文集》中提

---

❹　*PL*, p.41.

❺　*PL*, p.40.

出了更為成熟的意見，認為觀念決不是「無有著落的」，觀念本身從來就不是完整的，而是永遠看上去好像附在它所形容的一個實在上面，成為判斷的一個特殊部分。這就是說，觀念除掉作為意義出現外，並不存在。我們能夠想到的起碼就是一個判斷，而在判斷裡，一個觀念早已對實在有所指稱了。

　　布拉德雷在論述了判斷和觀念的關係、給判斷下了定義之後，立即對兩種有關的看法進行批評。⑴說每一判斷都有兩個觀念，是不真實的。他指出，首先判斷裡只有一個觀念內容，或者說，觀念的意義是一。根據傳統的說法，當我們肯定「狼吃小羊」時，我們是先有一個觀念「狼」，以後又有一個觀念「小羊」，然後把這兩個觀念併為一個把兩者連接起來的判斷。可是為什麼我們要把「狼」看成「一個」觀念呢？顯然，狼是複雜的，正如「狼吃小羊」的情形一樣複雜。如果我們說到「一個」觀念時的意思是指它本身不帶有複雜性，那麼這種東西是沒有的；如果我們承認觀念可以是複雜的，那麼我們就沒有理由能否認「狼吃小羊」本身就是一個單獨觀念。他作出結論說：

> 我們的心智從整體上加以把握的任何一種內容，不管大小，也不管簡單複雜如何，都是單一觀念，所有它的變化萬千的關係，都包含在一個統一體之中。……那是單一觀念，它包含著你要在它裡面造作的一切觀念；因為凡是通過心智固定下來而成為一，無論簡單或複雜，總只是單一觀念。假如是這樣，那麼認為判斷代表兩個觀念的結合，這一古老的迷信就必須拋棄了。❻

---

❻　*PL*, pp.12–13.

⑵這個錯誤的另一方面，就是說判斷裡面一個觀念是主詞，而判斷即把一個別的觀念歸於這一觀念。布拉德雷指出：a)在「狼吃小羊」這個句子裡，不管我是肯定、否定、懷疑或者詢問，這個關係都是一樣。因此，判斷的差別或特質似乎不能求之於離開一切判斷而存在的東西。這個特質顯然要在使一個斷定了的內容不同於僅僅是提示或暗示的內容之差別中去尋找。這樣，說一切判斷都以單一觀念作為斷定的主詞，這種理論不是不得要領，就是文不對題。b) 在「B隨A後」、「A和B並存」、「A和B是相等的」、「A在B之南」等等判斷中，要單挑A或B做主詞，而把剩下的當作謂詞，是很不自然的。而在直接肯定或否定一個存在的地方，例如說「靈魂是存在的」、「海蛇是有的」、「這裡一無所有」，這個理論便要碰到更大的困難。布拉德雷綜合以上的說明，得出如下結論：

> 每一個判斷確有一個主詞，觀念的內容即對它而斷定。……這個主詞歸根結底不是觀念而始終是實在。❼

二、判斷的種類及其相互聯繫

㈠直言判斷和假言判斷

按照布拉德雷的判斷理論，判斷的形式上區別是無關緊要的，因為一切判斷都是把一個觀念的內容歸之於實在，這個實在是判斷的真正主詞。但是，判斷可以表現不同的階段。從不同的階段上來加以考察，它們的形式就可以不是一樣，而意義亦互有差別。我們先看看直言判斷和假言判斷的形式。

---

❼ *PL*, p.13.

布拉德雷認為，一切判斷都是直言判斷，這是因為一切判斷都肯定實在，都以實在為主詞，根據觀念的內容對實在進行描述。同時他認為，一切判斷都是假言的或條件的，這是因為沒有一個判斷能夠把觀念內容無條件地歸於實在。每一判斷雖對實在有所描述，但只能描述其某一側面、某一成分，而有所省略、遺漏和割裂。因此，使得每一判斷都成為假言的。這樣，直言判斷和假言判斷之間的區別就被打破了。

布拉德雷還從另外的角度考察了直言判斷和假言判斷的形式，這種角度他稱之為較低的觀點，即不去細究判斷的真實性。這樣，分析知覺與料的判斷就成為直言判斷。這種判斷的本質只能把握現在，不能超出給定的呈現之外。它可以既沒有文法的主詞，也沒有聯繫詞，又可以兩者俱全，或只缺其一。⑴聯繫詞和主詞兩缺的判斷。例如，我們突然聽到有人大叫一聲「狼」或「雨」的時候，我們聽到的實際上是一種斷定，發出這種叫聲的人肯定了一個事實，喊出了一個信號，並用它來表明了實在。在「狼」或「雨」一個字裡面，暗中就以沒有說出來的當前環境做主詞，這個主詞被觀念的內容「狼」或「雨」的屬性所修飾。總之，當一個人說出一個字的時候，就提供一個關於事實的說明，就是作出判斷，而這個判斷除整個感覺的呈現而外不可能有別的主詞。上面的例子只是聯繫詞和主詞兩缺的判斷之特例，在絕大多數情況下，主詞只是可感覺的整個實在之一部分，我們用觀念來修飾當下給予的東西之某一方面。例如，遠遠看見一隻狼，我只消說出一個謂詞「睡著」或「跑了」，或者對著西下的夕陽，我也只要說一聲「下去了」或「不見了」，馬上每一個人都可懂得我所下的判斷和所肯定的是什麼。這裡，真正的主詞不是觀念，而是直接感覺的呈現。⑵有主詞出現的感覺分析

判斷。這裡，謂詞的觀念內容指稱代表主詞的另一觀念。但是，最後的真正主詞即判斷的主詞仍然不是觀念，而是呈現中的實在。這個實在才是兩個觀念的內容及其關係所歸屬的東西。例如，在「現在是時候了」、「此時正是黑天」中，看起來多了一個觀念介於實在和謂詞之間，占著直接主詞的位置。但是稍微思索一下就可明白，我們的斷定仍以當前呈現之物為主詞。直接的主詞只是一種指示的符號，含義可以很單純，也可以很複雜，還是指著整個給予的實在。有主詞出現的感覺分析判斷還有另一種情況，這就是呈現的事實不是整個感覺的環境，而只是它的一部分。例如，在「那裡有一隻狼」、「這個是一隻鳥」、「這裡有火」這些判斷裡，「那裡」、「這個」、「這裡」確實都是觀念，都是文法的主詞，它們真正的作用是對實在的指稱，不過當前不是不確定的，也並非包括整體，而只是區別和指示的記號；它們不是判斷的真正主詞，只是代表著判斷的主詞，它們所標誌的東西是當下呈現的事實，當前的事實就是「這個」、「這裡」和「那裡」的事實，決不能超出感覺給予的材料之外。再如，在「這隻鳥是黃的」、「那塊石頭落下」、「這片樹葉枯了」等判斷中，「這隻鳥」、「那塊石頭」、「這片樹葉」都是代表文法主詞的觀念，我們用謂詞來肯定的東西並非「這隻鳥」等所標明的觀念。形容詞「黃的」所真正歸屬的東西，乃是「這隻鳥」所區分和修飾的事實。真正的主詞是被知覺的東西，它的內容分析為「這隻鳥」和「黃色」兩部分，而我們便是把這兩部分觀念的成分作為統一體來說明這個主詞。以上解釋可以適用於一切種類的感覺分析判斷。布拉德雷舉了一個比較複雜的判斷：「擠乳女工現在擠著乳的那隻牝牛，立在那邊的山楂樹右方」，在這個判斷裡面，我們有的不是一件東西而是幾件東西，而關於它們的關係的表述也不止一個。但

是這裡還是當下呈現的環境的一部分，才是整個複合體間接表述的真正主詞和主體。

布拉德雷對普通類型的全稱判斷作了分析，認為它們是抽象的。抽象的全稱判斷「A是B」或「一切A是B」，它的意思是「給了A，就會有B」或「如果有A，那麼有B」。這就是說，抽象的全稱判斷總歸是假言的，決不能是直言的。「A是B」就是說「是A的事物即是B的事物」，說它是抽象的是指現有的事物和可能的事物都包括在內。如果僅指現有事物的集合，這個判斷實際上就成了單稱判斷：這個A是B、那個A是B、另一A是B，如此類推，直到全數說完為止。布拉德雷認為這樣的理解是不對的。在全稱判斷「等邊三角形必等角」中，我們只肯定伴隨著某種性質一定會有另一種性質，但並沒有說出什麼地方和什麼時候。又如「哺乳動物是熱血的」，這個判斷告訴我們的，也不是關於這個或那個哺乳動物，它只是告訴我們，找到了一個屬性，就會找著另一屬性。布拉德雷認為，科學的目的是要發現定律，而定律就是假言判斷。它所表述的不過是一些描述性狀態的綜合，它是全稱的又是抽象的。它並沒有斷言它所結合的各成分的存在。例如，在數學中，一切說明真實與否的東西便與主詞或謂詞的存在絕對無關。物理或化學知識之為真實，也決不靠在當下瞬間真有什麼元素及其關係存在。一切普遍定律嚴格的表現形式都需要以「如果」開頭，而接上一個「那麼」。

有一種判斷是說明超越感知之外時間或空間裡的某種事實，這種判斷布拉德雷稱之為感覺的綜合判斷。他認為這種判斷介於假言判斷和直言判斷之間。例如，「這條路通往倫敦」、「昨天下雨」、「明天月圓」、「牆那邊是一所花園」、「昨天是星期日」、「威廉征服了英國」、「下月是六月」等等都屬於感覺的綜合判斷。布拉德雷認為，

這類判斷都包括一種推理成分在內，因為它有一個觀念的內容與當下給予的感覺的性質連結在一起。換句話說，就是我們總有一種結構，直接建立在觀念之上，而只是間接以知覺為基礎。例如，牆上掛有三張圖畫A、B、C；如果我看到它們一眼就能辨出A–B–C的關係，那麼在此範圍內似無推理可言，因為我們的單純分析判斷便可提供給我A–C的知識。但是假定我先看到了A–B，之後再看到了B–C，那麼單純的分析就不能使我知道A–C。我們必須首先把它們合攏在一起成為A–B–C，而這就是一種綜合判斷的結構。這樣一來，我才看到A–C，這個結論是由推理而知，卻並非因為它是在事實中發現，而是在我的頭腦中看到的。感覺判斷的終極主詞仍然是實在。它並不是跟瞬間的現象同樣的東西，可是綜合判斷又非有當下給予的成分和它結合起來不可。過去和將來事件的觀念須從現在知覺的基礎上投射出來。只有在這一點上，它們才能接觸到它們所要符合的實在。由於綜合判斷都把給予的東西擴展為一觀念的結構，因而具有普遍性，並含有一種推理的作用，在這個限度內就必須具有假言的性質，因為在任何其他地方有了同樣的條件，也會有同樣的結果。同時，它們又含有一個假定：即在一個知覺和一個觀念的各色各樣內容中，必須有一個同一性的因素，通過這個同一性才能得到這種判斷。可是正由於這個假定的力量，普遍性才和給予的東西互相聯繫起來，綜合判斷成了對特殊事實的表述，即成了直言判斷。

　　感覺的分析判斷是直言判斷，但仔細分析起來，它們都是假的，這是因為它們說出來的事實不夠，只說明一部分事實就當作好像全體似的。說「那裡有一隻狼」或「這棵樹是綠的」，這是非常抽象的，含意十分貧乏，比我們所看見的狼和樹確實差得很遠。因此，分析判斷對事實有所竄改和割裂。布拉德雷認為，必須把分析判斷

（「那個」）區別開來。既然在整體裡選定了一點，其餘部分事實上當然都成了另外一點，其本身此時也就包括在這個整體之中。所以當我們肯定了「這個」的時候，實際上也就否定了它是「那個」，這樣，我們就在同一宇宙之中確認了兩個差異的東西，每一個都跟另一個相排斥。因此，布拉德雷提出了以下的論點：

> 每一個判斷在本質上，都是否定的和選言的，雖然表面上看不出來。歸根結底，只有通過同一整體中的選言結構，所謂否定才能為我們所理解。❾

他繼續探討否定的性質。他認為，一切否定都是實在的，這是因為它是相對的。它所否認的內容決沒有被絕對地排斥。那個內容不會化為烏有，它仍然在其他地方修飾這個宇宙，還是有自己的正面的真理和實在。在作否定的時候，必須要有一種意義和一個觀念，無意義的觀念是沒有的。另一方面，無論何處只要你有了一個觀念，那個觀念便一定具有實在。它對於其他實在事物的否定關係仍然屬於我們的宇宙，同時修飾我們的宇宙。

其次，否定也決不是「主觀的」。我們可以把它跟肯定作比較，我們先知道了我們有所肯定，然後我們才會知道我們有所否定。否定的基礎暗含著一種非常實在的選言結構，它的目標就是要在我們的面前展開一個有系統的實在的圖象，而使我們清楚地看到相互補充的各種差異的總體。這樣一種觀念的世界決不能完全達到，但是我們的結果卻可以接近、體現那個完全的目的，它的豐富多彩和現實性遠超過於任何單純肯定所能達到的程度。因為單純的肯定只是

---

❾ *PL*, p.662.

片面的抽象，離開最後的實在和真理是太遙遠了。

(三)選言判斷

上面講否定判斷時已涉及到選言判斷。布拉德雷首先批判了把選言結構當作多數假言的結合這種傳統看法。這種看法是，「或者A是B，或者C是D」的意思就是：如果A不是B那麼C是D，也可以說如果C不是D那麼A是B。布拉德雷認為，這裏面有兩個場合被省掉了。我們可以先假定A是B，再假定C是D，在這兩種情況下，我們有：如果A是B，那麼C–D一定是假的；如果C是D，那麼A–B是假的。布拉德雷指出，我們不把B和非–B、C和非–C都說到了，這個選言判斷便是不完全的。他認為，選言判斷決不能真正還原為假言判斷。各種選言判斷可以用假言的方式來表示；但決不能因此便說它們都是假言判斷。但是，布拉德雷指出，選言判斷至少在某種程度上是直言的，它陳述一個事實而不作任何假定。在「A是b或是c」這一判斷中，有一部分確實是無條件的。它確認了一個事實，完全沒有「如果」的語氣。在「A是b或c」中，所含的斷語並非A是b或c，我們肯定的是：第一，A是存在的；第二，給予它某種確實的性質。A的謂詞雖然非b亦非c，但也決不能是和這兩者都互相排斥的性質。它一定是這樣一種性質，與兩者相共通、能一致，而又不是兩者中之任一種，可是進一步卻能決定為其中的這一個或那一個。假如我們把這個基礎稱為x，那麼「A是x」便是一個真實的直言判斷。「白色或黑色」所表明的屬性不外乎「著色的，及著有排斥其他色彩的顏色」；「在英國或美國」指的是「某一處所而不是別處」；「死的或活的」，其基礎是「有機物」。總之，每一個選言判斷都有一個共同性質的斷語作為它的基礎，各選言肢的肯定必須在這個範圍內才行。為b和c所共同的謂詞就是我們在選言判斷中對A所

直言斷定的。但是選言判斷並不是完全直言的。我們確定了我們的基礎為 x 性質，便在這個普遍性之上建立起我們的假言。為使選言結構得以完全，我們還得加上一個假設：「如果它不是這個，就一定是那個」。如果A不是b，就是c；如果它不是c，那就一定是b。有了這個假設，「或是 —— 或是」就圓滿了。由以上的分析可知，選言判斷就是幾個假言在直言基礎上的聯合。

　　布拉德雷特別強調，選言判斷中的選言肢是互相排斥的；他不同意有相容性的選言判斷。他認為，「A或是b或是c」確實根本排斥了「A既是b又是c」。當一個人說某甲是一個愚人或是一個惡徒的時候，他也許不一定要否認某甲兼二者於一身。但是如果他無意證明某甲兼有兩種品質，而完全滿足於肯定其為二者之一，或是b或是c，那麼這個說話的人就可能沒有想到bc兼而有之的可能性，他把這一可能性看成是不相干的。嚴格說來，我們要把選言判斷說得很明確、完整，必須要搞清我們的意思究竟是「A或是b或是c」，還是「A或是bc或是b或是c」。如果b和c不相容而我們把bc當作一個謂詞，或者，b和c可以相容而我們卻把bc置之不顧，那就會得出錯誤的結論。如果認為「或者是惡徒或者是愚人」這樣的選言肢沒有排除兩個合在一起的可能性，這是司空見慣的一個錯誤。只要我們不提到「或兩者兼而有之」的選言肢，我們就是把它排除掉了的。如果我們的意思是說「A或是b或是c或者又是bc」，這個判斷過程就很簡單。A是存在的，又進而被決定，它的決定限於bc的範圍之內。所有同b和c以及bc不相容的性質，都被A所排斥。bc的範圍包括b和c以及bc，此外不包括別的東西。由於這三種性質是不相容的，所以A只能是其中之一。如果A作為被決定的東西而排斥b和c，它就一定是bc；如果它排斥c和bc，那就是b；如果它排斥b和bc，那就是c。

布拉德雷最後對選言判斷的性質作了一個小結。「A是b或c」可以有兩種表示方法：第一，如果A是b那麼不是c，如果A是c那麼不是b；第二，如果A不是b那麼是c，如果A不是c，那麼一定是b。第一種表示方法的基礎是b和c作為A的謂詞是不相容的。第二種表示方法所根據的假定是，因為我們不曾找到A有一個謂詞排斥b或c，所以就認為沒有這樣一個謂詞。凡是與b或c相反的，亦必同A相反。因此，在A的界限之內，凡非-b必為c，凡非-c必為b，而A必須具有某一種性質。這就是上述後兩個假言判斷的基礎。由此可見，選言判斷的本質不是幾個假言判斷的集合。它具有一種獨特的性質。它先提出一個謂詞，在一定限度內是知道了的，從排斥性方面加以界說，然後再通過假言的排斥，進一步加以說明，使它成為確定的。它的根據就是我們已經掌握了全盤的狀況或完全的知識。它的斷言不是完全直言的，也不是完全假言的，而是兩種成分都有。

三、同一律、矛盾律、排中律和雙重否定律

布拉德雷把這幾個規律放在《邏輯原理》第一部論判斷中來討論，而且放在論選言判斷之後、論判斷的量之前，並沒有什麼道理。可能這幾個規律是用判斷表達的，因而就把它們放在論述幾種判斷之後、一般論述判斷的量之前。下面我們介紹布拉德雷關於這幾個規律的觀點。

首先是同一律。布拉德雷認為，同一決非同語反覆。有人把同一律表述為「A是A」，這是完全錯誤的。這個公式表明判斷的兩邊毫無差異，根本不成為判斷，也沒有說明同一性。布拉德雷說：

> 毫無差別的同一是沒有的。必須有兩個東西才能成為相同，

所以至少一定要在同一事物本身裡面發生了某種改變的事實，或者從某種提示的差別回到那個事物。否則，光是說「某一個東西本身同一」確實毫無意義。在「A是A」中，如果我們至少沒有這兩個不同的A的位置差別，那麼我們甚至不能有判斷的外表；可見要作出一個真正的判斷，非有某種差別包含在我們斷言的內容裡不可。❿

　　他根據「差別中的同一」的原則，對同一律的意義作了陳述，這種陳述有幾種不同的表達，但實質是一樣的：(1)真理在一切時間都是真的。(2)一旦是真的就總是真的，一旦是假的就總是假的。真理不僅獨立於我，而且不依賴於變化和機緣。任何空間和時間的改變，任何事件或場合可能的差異，都不能使真理變成虛妄。如果我說的話確是真的，那就永遠是真的。(3)凡在某一場合中是真實的，在另一場合中也必真實。

　　布拉德雷指出，所謂同一並非包含在「S-P」這一判斷中，因為這一判斷沒有提起任何差異。這個同一是在「S-P 無論何處何時都是真實的」這個判斷中。就是這個「無論何處何時」帶來了差異，使S-P對比起來成為同一，並作為一個成分加入新的S-P裡面去。這裡真正的謂詞(S-P)歸於實在之後便屬於實在，而不管它紛紜複雜的表現是怎樣的不同。我們沒有說它所顯現的總是一樣，但是它的性質在各種現象之中，卻保持著原來的狀態。

　　布拉德雷認為,同一律的基礎就是前面所論述過的判斷性質：每一個判斷如果確是真的,就一定是斷定那個終極實在的某一性質,決不隨事件的變遷而有所改變。布拉德雷在討論同一律基礎時順便

---

❿ *PL*, p.141.

指出，我們對於實在的看法暗含著同一性。因為任何東西只要是個體，就必須始終如一，通過一切紛紜變化仍能保持其特性。

布拉德雷在論述矛盾律時首先指出了矛盾律的基礎：存在著不同的東西或不相容的事物或對立物。它認定事物的本性就是這樣，某些成分排斥另一些成分，而不提出最少的理由來說明這個世界為什麼是這樣的本性，而不是另外的樣子。他把矛盾律分為陳述事實的和關於思維規則的。陳述事實的矛盾律是說，相異的東西就是相異的東西；互相排斥的東西，不管你怎樣加以調解，仍然是不相容的。但是，作為思維規則的矛盾律說的是：不要把真正互相反對的東西結合在同一思維中。當你給某一主詞加上任一性質的時候，切不可認為這個主詞沒有發生什麼改變而照舊對待之。如果你加上一個性質，此性質不僅消除了原來的主詞，而且整個地消除了它，那麼就決不能把它處理為依然故我的東西。

有人認為，矛盾律「A不是非-A」的意思就是說A不能成為任何別的東西，只能成為單純的A。布拉德雷不同意這種看法，這一看法與對於同一律的錯誤看法同出一轍，就是只承認抽象的同一，不能有一點差異。它就是要我們否認以一切不同於A的東西作為A的性質，不同於A便是非-A。但是不同的東西和相反的東西決不能混為一談。前者並不互相排斥，而只排斥對它們差異的否認。可是與A不相容的東西（相反的東西），就不能在任何主詞裡面，與A結合成為一個單純的聯合謂詞，也不能和A相聯存在於主詞和屬性的關係中。與A不同的東西（非-A）並不發生排斥作用，除非你把它同A視為同一的。它所排斥的一般說來都不是A，而是對A的一種單純的關係。

布拉德雷分析了矛盾律的幾個公式：「A不是非-A」、「A不能既

是b而又是非-b」、「A不能同時是而又不是」，指出它們並不牽涉到真正原則的問題。因為假如A是非-A，當然它就有了與A相反的性質。同樣，假如A具有一種性質b，那它當然只能由於一種與b相反的性質才能變為非-b。假如A是而又不是，那就一定是因為終極的實在有了相反的性質。以上幾個公式都是基於相反物的拒斥。布拉德雷用更為簡單的概括表述矛盾律：同時否定又肯定同一個判斷是完全不可容許的。

　　布拉德雷為使矛盾律的表述與同一律的表述一致起來，使矛盾律成為同一律的另一面，把矛盾律陳述為：真理是不變的，而相反斷言則互相改變，因而不能成為真的。矛盾律與形而上學有密切聯繫，凡實在都是單個的，而個體是和諧的和自我一致的。唯其如此，它才不會破裂消逝，否則，如果它內部的性質互相反對，它就不能存在了。

　　布拉德雷在討論矛盾律時，碰到了一種反對的意見。這種意見從萬物本性的理論出發，認為矛盾律不是真的，萬物的本性中存在著矛盾；事實上，對立面是聯結在一起的，它們是單個統一體的相矛盾的側面。布拉德雷為了解決「矛盾律和辯證法二者擇一」的難題，對上述理論作了駁斥。他認為，矛盾律只限於片面的、靜止的對立面，它只是說當發現了這樣不相容的東西的時候，我們決不可把它們聯結在一起。而辯證法所要否認的也不過是固定的不相容東西之絕對、完全、終極的真實性。無論什麼東西既然結合在一起，事實上就證明了不是不相容的。如果許多因素可以並存，那就沒有問題可言；這裡已沒有了矛盾，因為沒有了反對的東西。假定我們在事物的連續性中似乎看到矛盾歸於統一，A同時是b而又非-b，這種情形仍可與矛盾律的原理相調和。我們說A由b和非-b所組成，因

為把A解剖開，便得出這兩個元素，再把這兩個元素結合起來，又恢復了原來的A。這些因素存在於A的內部，作為A所包含的成分，並不是以完全相反的特性而存在。它們只是不同的方面，如果真的分割開來，就會成為不相容的，但結合在一起，在整體的性質中，便都被克服而變成一致。如果我們能夠這樣來理解「對立面的統一」，那麼矛盾律便不至於受到影響了。因為如果對立面合為一體不再作為對立面而存在，那就沒有矛盾了。

關於排中律，布拉德雷有以下幾點論述：

1.排中律是選言結構原理應用的一例。它可表述為：每一個可能的判斷必是真的或假的。在選言判斷中，我們知道了一個實在的東西，還要進一步加以確定。首先，它的性質包括在一定的範圍中；其次，這個範圍具有多種不同的互相抵觸的東西，而我們所要決定的實在只能是其中的一種。在此基礎上，「或是──或是」的斷語便建立起來了。排中律顯示著所有這些特點。首先，我們通過它來表明任何主詞 A，一經我們提示它對某種性質的關係，立即按照那個謂詞，在肯定和否定的範圍中受到決定，而拒絕與這兩項不相容的任何關係；其次，在這個範圍內，主詞只作為一個單獨的成分而被修飾。由這兩點，我們也達到了「或是──或是」的結構，可表示為「A或是b或是非-b」。但是，排中律同選言判斷還是有區別的。排中律只有兩個矛盾的選言分肢，完全以互相反對的對立面的存在為基礎。選言判斷則以互相排斥的東西存在為根據，而不問其數的多少，也就是說，選言肢是多元的，不一定是二元的。因此，排中律只是選言結構的一種，它的本性有以下三方面：第一，這種排中的選言結構也確認一個共同的性質。在「b或非-b」裡面，對A而言的共同性質就是對b的一般關係。第二，這個選言結構指定一個包

含著不相容的東西的範圍。這裡b的肯定或否定，便是A所嵌入的整個範圍，A 不能越出這個範圍。第三，這種選言結構只把這個範圍以內的某一成分歸於主詞。

2.排中律超過了選言判斷的限制。它還包括了另一個原則，因為它承認了一切可能的存在有一種共同的性質。這原則是說，宇宙中每一個成分都具有一種性質，可以決定它對每一個其他成分的邏輯關係。上述原則先於現實的選言結構而存在。它預先說出了一種關係的基礎，雖然還不知道這種關係是什麼。選言結構之所以能產生，是因為這個關係包括在一個相異相反的範圍中。由此可以看出，一方面排中律超乎選言結構之上，因為它具備一種自己決定的原理，這是選言結構所沒有的。另一方面，在其進一步的發展中，它又不是任何其他的東西，而只能是選言結構之一例，必須等到包含在這個範圍裡的不同謂詞作為一個事實給予了它，才能正式形成。排中的選言結構必須靠以下事實才得以完善：當任何謂詞提出來的時候，每一個成分的性質都可成為肯定或否定這個謂詞的根據。它迫使我們採取一個，而且只能採取一個，不可能有其他道路。

3.排中律預先假定了各自分開不相容的東西的世界，它的真實性只是相對的，只限於看成這種世界的特性的「實在」。 如果實在的東西不是這樣，或者低於或者超過選言結構的水平面，這個原理就不能適用。如果我們採取一種觀點，認為真理不一定完全真實，錯誤也非單純的虛妄，那麼我們就必須承認，排中律儘管是必要的和重要的，但決非絕對的真實。

關於雙重否定律。布拉德雷認為，雙重否定只限於在有兩個選擇可能的地方才有效，否則它便不能有效。在一切否定中，必須有這個二元的選擇。一切否定都建立了一個全面的二元選言結構，判

斷便把世界分為被選擇的和餘下的實在，在否定中後者必為被排斥的東西所修飾。這樣有了一個「或者——或者」，當我們否定了我們的否定之時，剩下來的當然只有一個肯定。這就是說，「雙重否定就是肯定」。布拉德雷指出，如果想否定「終極的實在不是可知的」這一否定判斷，那麼光是駁斥我們的論敵是不行的。我們必須證明「終極的實在是可知的」。否定「A不是b」，這個基礎只有到「A是b」的裡面去尋找。

四、判斷的量

任何一個判斷都有量的方面,布拉德雷對此作了詳盡的探討。下面我們分四個問題來介紹。

㈠觀念的內涵和外延

判斷是由觀念組成的，因此，布拉德雷首先討論觀念的量的問題。如果我們考察一個觀念，只注意它的內容即脫離其指稱的一種抽象，那麼我們就得到了它的內涵。它的外延可以有兩種不同的意義：一是任何包括內涵的其他比較具體的觀念，這是觀念的或理想的實例，歸根結底也是個體或殊相；二是能用內涵來述說的任何個體，這是現實的實例。例如，「馬」所指的是一匹馬所具有的各種屬性，這就是採取了它的內涵。如果它指著任何其他包括了馬的觀念，如拉車的馬或賽跑的馬，這就成了外延。其次，還有一種方法作為外延，就是把它用來指稱個別的馬。觀念有內涵和外延兩個方面，這是由觀念的本性所決定的。觀念最後指稱著實在，但觀念同實在是有區別的。觀念是符號性的，而每一個符號所意味的東西和它所代表的東西總是可以分開的。我們假定意義與意義所符合的事實不同。事實是一個個體或多數個體，而觀念本身則是一個普遍性

或共相。外延決不能還原為內涵。

外延和內涵在英語中是 extension 和 intension，但是彌爾 (J. S. Mill, 1773-1836)用的是denotation（外指）和conotation（內包）。布拉德雷認為，這是一種濫用，在邏輯上沒有什麼好處。它們都是不必要的，而且是應該反對的。它們並不比一般所用的名詞更好，甚至有很大的害處。所謂「內包」(to conote)就是「蘊涵」(to imply)，但是一個詞的意義決不是它的蘊涵 (implication)。如果是個體的名稱，這個意義也許可以說是被內包的，但是一說到像「紅的」一類形容詞，或像「紅色」這樣的抽象名詞，顯然此時「內包的」東西就根本不是屬性，而是單個的實在。這樣歪曲的用法只能引起誤會。

㈡觀念的內涵和外延反比定律不成立

傳統邏輯中有一條原理，即內涵和外延有反比關係。布拉德雷認為這是無稽之談。第一，如果我們認為外延是意義與之符合的實在個體的數目，那麼說外延的增加便是內涵的減少，這顯然是荒誕可笑的。新的實例可以發現很重要而一直被忽視的屬性，從而使內涵得到增加。而如果把「現實的」個體改為「可能的」個體，內涵的減少也不能增添數目。如果所謂可能的是指假定存在的東西而言，那麼我們就可以說在事實上複雜的和簡單的東西都可以成為可能；而且簡單的也可以是不可能的。但是如果可能的是指我們能夠任意設想造作而產生的東西，那麼顯然就撇開了原來所討論的外延的意思，這樣一來，外延就已不再存在於個體之中，而成為屬性的組合。第二，即使給外延這種解釋，反比學說也是不對的。如果我們把各種觀念加以比較，就可發現更狹隘的意義不一定就能廣泛地應用。例如，視覺的觀念，它的意義來得比味覺或嗅覺的觀念更加完全，然而後兩者的外延卻並不更大。講到那些互相並列而不互相隸屬的

形容詞或形容詞組合，沒有理由認為內容越少的形容詞能說明更多的種類。第三，如果採取個體的觀念，所有的觀念是較小的整體包括於而且從屬於較大的整體，那麼仔細考察一個綜合統一體的觀念，實在看不出綜合的作用越高越廣，其所含有的屬性一定會比在它之下的綜合為少。例如，一個國家的觀念，其內容不一定不及一個公民的觀念來得豐富；靈魂的抽象性不一定超過任何特殊心理事變的抽象性。第四，反比定律可應用於下述情況。如果我們有了許多描述性的記號或定律，把它們排列成為一個金字塔形；如果我們把所有沒有下位觀念的觀念放在底層，作為最下一層的磚石；如果我們把每兩塊這樣的磚石所有的差別完全減去，再將剩下來的部分放在這兩塊磚石的上面，作為砌在上面的第二層；如果我們這樣一層一層地砌上去，使每一層越往上去越窄；如果照此進行，造成一個金字塔，那麼，在幾何學上確實是越到上層磚石越少，越到下層磚石越多。因為上層都是丟掉了下層的差異而建立起來的，顯而易見這個金字塔越來越窄的時候，上層的每一塊磚石都放在更多的磚石上面，也就是可以說明更多的事物。這只是說明，如果我們把材料排成一定的幾何形式，那就會有一定的幾何性質。如果我們把觀念按照一定的方式——金字塔式加以排列，這些觀念當然獲得這一排列的性質。但是，我們並沒有可能把一切觀念都照這樣安排，而且這樣的安排並不是物質界的自然關係，是沒有道理的。因此，布拉德雷總結說：

> 外延與內涵反比關係的定律並不是觀念本身的定律，而是金字塔式排列的定律；這種排列在觀念的情況下是可能的，但並沒有什麼重要性可言。我們完全可以把它拋進邏輯的垃圾

這些奇怪的組合或集群的複合物實際上是不存在的。類是否存在於頭腦之中呢？也不是！所謂在頭腦之中的類是指一組實際存在的映象而言；但是如果我們面對事實，觀察我們自己的心靈，在聽到「哺乳動物」或者「三角形」或者「貓」這些名詞時考察一下心靈中究竟有何物，那麼我們實在找不出一個現實的群體。如果要說「哺乳動物」一詞便是一群哺乳動物映象的名稱，這些映象聚集在我的心靈中，其中可以分別出這裏有一小群狗，那裡躺著所有的貓，還有老鼠、兔子、大象，都標明「四足類」、「食肉類」、「胎生類」等等，那麼這種想法是不符合事實的。假定「哺乳動物」為許多哺乳動物映象所構成的一個集團，「狗」為狗的映象的心理的群體，而「狗是哺乳動物」這個判斷就是把前者包括在後者之中，這無非有兩個意思：一是假定我們可以認識清楚哪些哺乳動物是狗，那麼所謂包括的意思當然就是說在我現有的哺乳動物映象中，有一定的數量同時又是狗，而環繞這些狗的四周或與之混合一起的，便是其餘非狗的哺乳動物映象。這個判斷所表述的便是我的心靈中狗─哺乳動物對屬於老鼠、貓、兔等等各部分哺乳動物相互之間的空間關係。這分明不是我們在判斷中所要表達的東西，判斷所要說明的只是關於狗的某種真實的事情，至於我的頭腦裏虛構的那種局部關係顯然沒有一點表示外在存在的意思。二是假定我們不能辨明哪些哺乳動物是狗，情形自有不同。我觀察我的心靈中哺乳動物的集合體，不能把狗和貓區別開來。我說不出哪些映象是狗─映象，但我知道所有的狗都在那裡。它們就在哺乳動物的圍欄中，而決不能出乎其外。哺乳動物好像遍布於一個心理的牧場，而所有的狗則在柵欄的一邊。這也並非我們要說明的意思，「狗是哺乳動物」的真意並不是我的狗─映象在環繞著哺乳動物圍場中的位置。因此，把判斷的外延解

釋說成是把一種東西包括到某一個類之中，這是一種虛構。第二，
這種解釋還是說明一個屬性，並沒有把整個判斷都從外延來理解。
例如，如果我在我的心靈中有了已知或未知的種類之集合，並說狗
就在這個集合之中，那麼我就斷定了狗對於一堆元素或它們所占區
域的空間關係。但是，這種關係當然是一種屬性。其次，如果我的
意思是說狗是單元，加上別的單元，所得的總和我便稱之為「哺乳
動物」，這樣，我還是斷言了狗對別的單元的一種關係，這種關係
所產生的結果仍然是一種屬性。另外，如果我的意思是指狗有了哺
乳動物的性質，其他已知或未知的種類也具有哺乳動物的性質，或
狗和那些其他的種類一樣，都具有哺乳動物的性質，那麼我仍然斷
定了狗的一個屬性，即有了這個屬性，狗就和其他種類表現了同一
性。這幾種解釋沒有一個真是「狗是哺乳動物」這個判斷的意思。
我們的判斷所要說的決不是類的包含。即使像上面那樣斷定了包含，
其實其謂詞也是一種屬性，哺乳動物外延的全部或一部並不是真正
的謂詞，上述的關係才是一種表示屬性的謂詞。

　　總之，「狗是哺乳動物」這一判斷的自然解釋是：狗和哺乳動
物只是不同的屬性，這兩種不同的屬性同時存在於同一種事物之中；
或者說，雖然這些東西確實是相同的，但它們卻具有兩種不同的屬
性──狗和哺乳動物。這樣，判斷的外延解釋就是專門考察主詞的
同一，所斷定的就是屬性在一個個體或多個個體之中聯結起來了。
有些判斷可以呈現兩個或更多彼此相連的主詞，但所有判斷都可還
原為一個主詞之中內容結合的肯定。例如，「A在B右邊」，這整個的
呈現便是主詞，而A對B的空間關係便是它的一種屬性。「凱撒是病
了」，這個判斷說明了同一個人是病了又是凱撒。

　　關於判斷的內涵解釋，布拉德雷認為，所有被我們肯定的實在

都是一個具體的個體，因此每一個判斷都是就一個特殊主詞，肯定其某種觀念內容的聯繫。但是，這並不是意味著每一個判斷都能單純地從內涵方面加以解釋。因為我們所肯定的實在，決不能排除在判斷所斷定的東西之外；而且這個實在無論如何也決不能當作僅僅是一種觀念內容的體系。另一方面，也不能認為每一個判斷都只能從外延方面加以解釋。因為一個判斷所斷定的總是「關於」某種事物，而這個「關於」顯然根本是內涵的東西。一個否定如果單純否定差異，而不是實際上同時肯定觀念的同一即肯定內涵，那它就一點意義也不會有。同樣，否認兩個事物的相同這一判斷，也只有在另一面肯定了同一性的時候，才有意義可言。因為這樣它才能夠暗示整體的統一性，必須在那個整體之中並依靠那個整體，雜多的事物才能聯繫在一起，也才能成為兩個。要把內涵完全從判斷排除出去，不論在什麼地方，都會使判斷變成毫無意義的東西。

㈣全稱、特稱和單稱判斷的解釋

所謂「全稱」、「特稱」、「單稱」的區別，都是按數量劃分的。布拉德雷對此作了解釋。

全稱判斷的主詞總是普遍性。這裡有兩種意思，即一個全稱判斷可以是：⑴絕對普遍的，⑵相對普遍的。

⑴絕對普遍的又可分為兩種：a) 抽象的全稱判斷，它的表面主詞是一種屬性。這樣的表述一定是假言的或有條件的，因為實際的主詞是一非現象的實在。例如，「三角形三角之和等於兩直角」便屬於這一類。這種判斷之所以是全稱判斷，有兩個理由：它的文法主詞是一個抽象的普遍性；而現實的主詞，即終極的實在，則是一個具體的普遍性，而且也是絕對的。b) 第二種絕對全稱判斷的主詞包舉一切，沒有出乎它範圍以外的東西，謂詞的斷定是直言的。這

種判斷並不切合實際，但在邏輯上是可能的。⑵相對普遍的全稱判斷，其主詞總是一個有限的個體或一些個體的集合。它之所以是全稱的，就因為主詞是其內在雜多的同一。例如，在「凱撒是病了」這一判斷中，決不是說凱撒除病了之外便沒有其他的東西；他是許多屬性的共同紐帶，因而他是普遍性的。但這個判斷卻是相對的，因為凱撒乃是許多人們當中的一個；假如從這一方面來看他，他的本身又是特殊性的。

絕對的特稱判斷是不存在的。這種判斷的主詞必得完全封閉在謂詞之內。這樣一個判斷，如果真正有了的話，也不成其為判斷。因為它對於主詞或謂詞，除其本身而外，不能有任何其他的說明。例如，「這個就是這個」是這種判斷最接近的實例。

相對的特稱判斷的主詞是這個或那個單個的個體或集合。它和相對的全稱判斷是一樣的，不過是就其本性的另一方面來加以考察。相對特稱判斷的主詞排斥一切其他的個體，所以是特的；然而它本身之內包含著雜多和變化，所以它又是普遍性的。它具有與謂詞不相同的屬性，可以放到另一個情況中去。因此它在推理上成為一個中間項，三段論的第三格就是它的表現。例如，三段論第三格的AII式：

　　所有M是P
　　有的M是S
　　所以，有的S是P

在其中，「有的M是S」就是相對的特稱判斷。

在單稱判斷中，單一的個體就是一個單純的集合。這是因為由

多數個體組成的這個或那個集合，其為一個堅實的特殊物，正如同這個集合中的任何個體一樣。從邏輯上加以考察，二者都是一樣的。它們都排斥其他東西，因此它們都是相對的特殊物。它們都是其內在雜多性的共同體，殊異之中的同一，所以又同樣是相對的普遍性。在「一切A是B」中，如果「一切」是指多數實例的集合，那麼它就是一個集合判斷，與單稱判斷沒有邏輯的差別。

總結以上的討論，布拉德雷得出以下結論：

> 實在是個體。單純的普遍或單純的特殊性都是不實在的抽象。具體的普遍性和具體的特殊性都是從不同觀點來看的個體。但是我們決不能說一個絕對的個體是真正的特殊物，因為那樣一來它對任何外在的東西都不能發生一點關係。特稱判斷，如果看做直言的，便與相對的普遍性恰是同樣的東西。現象的個體或個體的集合，乃是雜多的關係和性質的同一。全稱判斷有相對的與絕對的之分。如果是相對的，那它就和特稱判斷相同。如果是絕對的，那它或是假言的或是直言的。在前一場合，實指的主詞是一個抽象；在後一場合，實指的主詞一定是終極的實在。所有特稱直言判斷都可化歸為抽象的或假言的全稱判斷，而這些又可以化歸為直言的全稱判斷。歸根結底，一切真理如果是真正實在的，都必符合於終極的非現象的事實。⓬

⓬　*PL*, pp.192–193.

五、判斷的模態

判斷的模態是指判斷有實然的、必然的和可能的之分。「實然」、「必然」、「可能」稱之為模態詞。布拉德雷對判斷的模態進行了詳盡的研究，提出了與眾不同的觀點。我們分以下幾個問題來說明。

(一)邏輯模態的一般意義

邏輯所要考慮的S-P的模態有三種。每一個情況都是斷定某種觀念歸之於終極的事實，這個判斷開始是「這是真的」，但是後面在每一場合都嵌入一個不同的觀念。這是真的：S-P是現實的，或者是可能的，或者是必然的。我們宣稱為真的觀念乃是「現實的S-P」，或「可能的S-P」，或「必然的S-P」。這三種模態暗中含著直言判斷和假言判斷的區別。可能判斷和必然判斷都是假言判斷的特殊形式，實然判斷和直言判斷沒有區別。

「S-P是真實的」這個判斷是將S-P直接或間接歸之於終極的實在。這個判斷是實然判斷，也就是直言的或無條件的判斷。

可能判斷和必然判斷只不過是假言判斷的不同方面。凡是可能的和必然的東西都含有一種假設。一個東西如果不是單靠自身或只從自身來看，而是由於或因為某種別的東西，這就成了必然。必然性伴隨著中介的觀念、依賴的觀念、不能獨立自存有主動作用的觀念。一件東西如果單純存在，它就不是必然的；如果因為別的東西它才存在或我們說它存在，這時它就是必然的。對邏輯來說，所謂必然的東西只是一種邏輯的結果。必然性在這裡是一種力量，驅使我們從某些前提出發便達到某一種結論。一個必然的真理可以是，而且通常確乎就是直言的，但在它必然的限度內，它總是假言的。

或者說，必然的真理是由假設的條件而得到的。如果這些條件是現實的，那麼結果就是直言的；雖然必然的東西，可以是真實的，但它的必然性是假言的。布拉德雷提出了一個「先天的論證」，說明必然性是假言的：邏輯的必然是一個觀念的、理想的過程，你不能假定觀念或者過程是事實。即使觀念在事實上是存在的，而且存在於相應的順序中，你也不能假定你的過程的存在也有這種順序。你的思想的作用所支配的是觀念，在你能夠知道的範圍以內，它也只和觀念發生交涉。觀念可以不止於是一個單純的觀念，但它總必作為一個觀念參加到心理的實驗之中來。而一個單純的觀念實在不外乎就是一個單純的假設。所以，這個結果成為必然，不是直言的東西。除了「先天的論證」而外，布拉德雷還提出了一種慣用語的論證。一個必然的判斷，一句以「必定如此」冠於前面的話，其所斷定的東西不僅往往不是現實的，而且會成為顯然的不可能。例如，「如果二為三，那麼四必為六」，這個判斷也表明一個定須如此的真理。它的結論是勢所必至；這是一個必然的真理；但它在現實的存在中是得不出來的，而且是不可能得出來的，因為這個判斷的前件、後件及它們的現實聯繫都是不可能的。說必然的模態可以加強我們的斷定，這是不真實的；還不如說使之減弱。如果S是P，那當然就沒有疑問可言。但如果S必然是P，那我們就確實知道給予了某種其他的東西，便能確定S–P，但我們的知識並不能超過這一點。必然的模態不是給我們留下疑問，就是暗中肯定了S–P的條件。凡是必然的陳述強而有力的地方，它的力量都來自一個隱蔽的實然判斷。

所謂可能的東西就是我們所知道或假定為某些條件的結果。如果前件是真實的，那麼可能性便與必然性相合一。但是可能性有一

點不同：要使得S-P成為可能，必先假定所有使S-P成為必然的條件，不過其中只有一部分需要假定為存在。這就是說，一部分前件是存在的，至於其他部分我們不知道。S-P的條件一部分的存在，這就是「可能的」東西不同於「必然的」東西區別之所在。可能判斷也是假言判斷。例如，給予了abcd，則E必隨之而至。我們可以加上一個判斷或假設，就是假定ab存在，同時cd是不是存在則不知道，這樣我們所得到的便是一個可能的東西。在這種情形下，E便成了一個可能性。我們有了一個假定的事實ab，又有兩個想像的條件c和d，假定與ab相適合，但並不認為是存在的。這就是一個假言判斷，給予了abcd，我們便會有E。由此假定ab是存在的，我們就過渡到「我們事實上可以有E」；換句話說，ab就是可能的E之「實在可能性」。 總之，每一個可能的東西必須是實在可能的。它必得建立於一種實在之上，這個實在一定要假定為存在，並作為使S-P成為實際事實的總條件的一部分。脫離實在世界或先於實在世界的可能性是毫無意義的。

　　布拉德雷還進一步考察了可能性的種類。事實的基礎可以變化無窮。S-P是可能的，如果所有使之成為必然的具體條件都已完全知道，而這些詳細條件又有一部分被認為存在，這時便是最高意義的可能性。這個最高意義可以逐步下降至最低程度，最低的「可能性」所表明的只是「不知道是不可能的」， 這時我們不知道怎樣或什麼條件才可以產生 S-P。我們能有的事實基礎，不外乎假定這個世界的本性可以容許 S-P。因為在我們知識的範圍以內，實在並不排斥S-P，於是我們便把實在當做S-P的一個現存條件，不僅假定了其餘的條件也都可以找到，而且認為它們都和實在和諧一起。在這個最低的可能性的意義中，我們也稱S-P為可能，其實是不對的；

恰切的說法應當是，我們不知道S-P是不可能的。在最高意義和最低意義的可能性之間可以有許多不同的階段。我們作出關於S-P的假言判斷時，可以不知道S-P的各種特殊條件，可以知道其中或多或少的一部分，在毫無所知的地方，對於不知道的因素，也可以找出多少不等的理由來建立一種假設。關於這些條件的部分的存在，我們的知識也可以有各不相同的程度，而我們所作的假定，其基礎之變化範圍也幾乎是無限的。最低意義的「可能性」的例子如「脫離肉體的精神是可能的」，這個斷語不一定是虛妄的，但也沒有理由可以認為它是確實的。由於我們的無知，我們不得不承認一種「赤裸裸的可能性」，可是找不出一點道理可以把這個觀念當做實在。這種赤裸裸的可能性不過是虛無。比較高的可能性，如「有些行星上面可能有人」。這是一個假言判斷，就是說在一定條件之下可以出現生命現象；在某種限度內我們知道這些條件，而在不知道的地方，便以具有合理根據的假定來補充。這些特殊的條件已知在不同的行星上都只部分地存在，並帶著不同數量。我們關於這一行星或那一行星可以有人的判斷，其可能性的程度便隨這個部分存在的數量而互不相同。最高形式的可能性的例子有「那個銅幣可以把人像的一面朝上」。這裡一方面我們知道人像的一面必然向上的特殊條件，另一方面又知道這些條件一部分是真實存在的。

(二)模態事實上不存在

布拉德雷認為，模態事實上是不存在的。我們已經知道假言判斷本身在事物的本性上不是真實的。它的主詞、謂詞以及主謂的聯繫，都不需要在事實上存在。與事實相符合的東西只是一種性質，此性質形成那個聯繫的基礎。這種聯結可以是不存在的，甚至是不可能的。

在必然判斷中，除非假定了某種條件，凡必定是怎樣的東西都不是必然的。我們已經知道這個假定的前件以及隨之而來的後件，談不到有所謂存在，也無所謂可能性。在這類場合，所謂必然性，如果指的就是各成分之間必然的聯繫，則它在我們的觀念之外就是不存在的；它是不符合事實的。其次，即使前件以及與之相隨的後件都具有真實的存在，而且其所顯現的關係也明顯與邏輯的必然性相對應，同樣的結論還是可以適用。布拉德雷認為，說思想上成為真實的東西，在事實上便一定有效，這是一件很不平常的事。但是如果確認思維和存在為同一實在的兩方面，主張每一個邏輯的過程都一定能在事實中找到，一切實在的聯繫只要能被我們發現就必定是一個邏輯的過程，這更加是一件不平常的事。這樣的理論即使在形而上學中能說得過去，在邏輯中也是站不住腳的。在邏輯上說來，所謂必然的一定還是假言的。對邏輯而言，事實一定為「是什麼」而決不能為「必是什麼」。 真實的聯繫似乎與我們邏輯的次序相對應，其本身決非必然。只有當我們在觀念的實驗中追溯真確事實的過程，這時它對我們才成為必然的。

當我們從必然轉到可能的時候，我們的結論仍然成立。可能的東西只存在於人們的頭腦之中，此外在任何地方都是找不到的。實在的事物決不是可能的，除非暫時你把它作為不實在的東西來著想。可能的東西一旦成為實在，它馬上便不再是單純的可能性了。在邏輯上，任何地方出現了一個事實，便會消滅一個可能性。說「S-P是可能的」就是說「S-P在一定的條件下可以隨之得到，這些條件至少有些看不出是存在的」。 由此可見，這樣一種假言判斷的結果決不能認為有其實際的存在。它的前件不是事實，中間的聯繫並非事實，後件也不是事實。或者即使它們是事實，當我們把它們當作

可能的東西來處理的時候，它們所包含的「事實的」特性也是不知道的，或者超出了我們的心靈。如果我們已經知道了其中的實在，我們就不會再作假定；如果我們作出了假定，那我們應該知道這都是人為的，作為人為的東西當然是不存在的。布拉德雷從日常語言用法中舉了一些例子來說明可能性在事實上是不存在的。例如，被控告的人很明顯或者是有罪，否則便是無罪。但是我們卻說：「他對二者都是有可能的」。如果你認為這就是說明一個事實，那就荒唐極了。一個事實決不是、而且也不能是二者之中選擇其一的交替物；有罪和無罪二者可能的存在都相對於我們的知識，它只存在於我們的頭腦之中，一出我們的頭腦之外便毫無意義可言。

(三)必然性和可能性的真實基礎

「S-P是一個必然真理」意為「S-P由於某種別的東西而來」。這個某種別的東西不一定是事實，即使它是事實，我們也不能認為它同觀念的聯繫有任何差別。我們不能說「事實上S-P真的是一種必然的結果」。但是所說的觀念聯繫雖是假言的，卻不能不有一個直言的根據。一切必然性都肯定一個真實的基礎，這個基礎可以是明顯的，也可以是暗含的。在這個限度內，它便有其真實的存在，但並非其本身存在，而是間接地、單純地存在於其基礎之中。

可能性也有真實的基礎。在最單純的假設的可能性中，我們也總有一個關於真的事實的斷語。我們肯定S-P隨abcd而來的必然性，abcd等條件有一部分是假設的。我們在這個判斷裡，便是把那樣一種聯繫的基礎歸之於終極的實在。但是在平常可能性的陳述中，我們卻暗示abcd一部分的存在，比如說假定ab這樣的事實存在，因此就作出了另一個關於事實的陳述。

在一種赤裸裸的可能性的場合，我們所做的也正是這樣。例如，

在「脫離了肉體的精神是可能的」這一斷語中，我們的出發點是否定了它是不可能的。這個判斷，第一、假定了實在具有一種實際的而未知的性質，第二、這個性質如果你把它和其他未言明的條件合在一起，便造成一個假設的前件或理由，由此即可得出「脫離肉體的精神」的結論。作為這第二個判斷的根據，我們必須把另一個未知的性質歸之於實在，以此作為假設的聯繫的基礎。這樣一來，我們就有兩個關於事物本性即實在的斷語。

總之，當我們說S-P是可能的時候，我們斷定了S-P的實在可能性。我們必須假定一個實際上存在的事實，雖然這個事實不是S-P。這是單純假設的可能性的直言基礎。一般說來，可能判斷還得有第二個假定，即假定這個事實在某些條件下可以給予我們 S-P。這就是說，我們直言地斷定了一個假言判斷的基礎；同時又直言地斷定了形成前件一部分的一個事實的存在。

由上可見，必然性和可能性實際上都有一個基礎，並且依賴經驗。一個模態判斷必須作出關於實在的斷定，但是這個判斷本身表達的真理卻不是一個事實。模態只是假言的，而假言的聯繫只存在於我們的思想之中。

布拉德雷在論述模態時還討論了概率論的一些問題，這裡不贅述。在論述了判斷的模態後，布拉德雷就轉到論述他的邏輯學的最重要的部分——推理。為什麼要從模態過渡到推理呢？他作了如下的說明：

所謂可能就是我們論證由某些前提所得出的東西，這些前提有一部分是被認為真實的。所謂必然就是我們推論由前提的基礎必定得出的東西。正是在這個意義上，可能性也就是一

種必然性。在這兩種情況下，我們所處理的同樣都是從給予的資料進行推理而獲得的結論。我們發現在邏輯中，一個必然的真理實際上就是一種推理，而一個推理也就是一種必然的真理。這一點我們從不保守秘密，而明白了這一點我們馬上就可以轉入本書第二部的討論。❸

第二節　推理論

布拉德雷的推理學說是在《邏輯原理》的第二部和第三部中論述的，占全書的三分之二，足見他對推理學說的重視。由於篇幅太大，下面我們只能述其大要。

一、推理的一般性質

布拉德雷指出，推理和判斷雖有區別，但這種區別並不是一道分開兩者的鴻溝。因為不管推理多麼不同，不同到怎樣的程度，一個推理仍舊還是一個判斷；否則，沒有一個推理能夠保持它的觀念的自己發展的特色。一個推理就是一個通過中介和自我中介的判斷。通常用來推理的方式是：「S(M)−P」，或「S是P因為它必定是M」。雖然我們不一定確切知道M是什麼，但我們在推理中所斷定的東西正是S蘊涵著M因而蘊涵著P。由此可見，推理便是斷定和判斷，只不過是一種特殊的判斷而已。但是，我們不能說判斷本身就是推理。在判斷中並不總是要從一個觀念的對象出發，但在推理中就必須從一個觀念的對象著手。我們決不是在每一判斷中都要將我們的對象

---

❸ *PL*, p.236.

加以觀念的發展。就單純的判斷來看，判斷之中沒有「必定」。 單是一個判斷決不能提供給你觀念的和必然的自我發展。恰恰相反，作為簡單的判斷，它本身只能限於單純的事實。「S在事實上並作為事實便是P」，單純的判斷只能是這樣。「S由於某種理由必定是P」，這樣，我們才確實有推理；但同時我們也超出了判斷固有的範圍之外。這就是說，如果你讓你自己局限於赤裸裸的「S是P」， 就確實沒有「必定」出現的餘地，也就是沒有作推理。但另一方面，判斷在形式上雖然與推理有別，但實際上蘊涵著推理。在一切判斷中，我們所作的斷定是「實在便是這樣的，使得S是P」。 如果我們承認這個「這樣」， 試圖給以明白陳述，並使之成為明顯的紐帶，而令S超出自身同時又是P —— 如此一來我們就顯然有了一個推理。這個推理當然多少有點不夠發展、不完全，可是它也多少能夠說明這個實際的「這樣」， 從而使之特殊化。無論何處，只要在S和P之間有一個紐帶在任何判斷中得到了承認，那就在形式上有了一個推理。但是，如果我們在「S是P」中忽視了所蘊涵的「S(R)-P」即「R是這樣的，使得S是P」， 那麼我們在這裡就有一個「單純的判斷」。單純的判斷並不是關於真正事實的，而是地地道道的純粹的抽象。由上所說，每一個判斷都蘊涵著一個推理。判斷不同於推理，僅在於它沒有標明或列出它自身存在的根本條件。另一方面，推理必須使一切判斷所包含的這一條件成為顯然的。因此，推理就是擴展開來的判斷，雖然當上述條件沒有充分列明的時候，這個擴展還是不完全的。所謂單純的判斷實際上是不存在的。

　　關於推理的本性，布拉德雷在《邏輯原理》一書中先後做過幾次探討。在第二部第一篇中，他認為每一個推理都兼有兩種成分，第一它是一個過程，第二它又是一個結果。這個過程就是一種綜合

運算，它取得它的材料，而以觀念的結構把它們組成一個整體。所謂結果就是對那個統一體之中一種新關係的知覺。我們從各種成分的一定關係出發，通過這些成分中兩個或更多個的相同性，把它們的關係結合成為單一的結構，從而認識到這些成分的一種新關係。這個過程是一種結構，這個結果是一種直覺，而二者的結合就是邏輯論證。按照這樣的理解，推理有以下一些原理：

(一)主詞和屬性綜合的原理

1.同一主詞的各種屬性互相關聯。例如，此人是一邏輯學家，此人是一傻瓜，所以，一個邏輯學家也許是（在某些條件下便是）一個傻瓜。

2.兩個主詞因有相同或不同的屬性而成相同或不相同。例如，這條狗是白的，這匹馬是白的（或棕色的），所以，這條狗和這匹馬是相同的（或不同的）。

3.⑴在屬性不被看成與每一主詞有所區別的地方，則對於屬性的肯定也就是對於它的主詞的肯定。例如，這個圖形是一個三角形，而一個三角形有著等於兩直角的內角，所以，這個圖形有著等於兩直角的內角。⑵在主詞不被看成與每一屬性有所區別的地方，則對於主詞的肯定也就是對於被視為它的屬性的任何屬性之肯定。例如，黃金比鉛重，而鉛為金屬，故鉛 — 金屬（或有的金屬）輕於黃金，或金屬可以輕於黃金。

(二)同一性的綜合原理

如果一個詞項與其他兩個或更多的詞項具有一個共同點，則這些其他詞項也都有此同一點。例如，「A錢幣的印紋與B錢幣相同，B錢幣又與C錢幣相同，所以，A與C相同」；「A樂器與我的音叉(B)諧調，C和D樂器也是這樣，所以，它們都彼此諧調」；「如果A

是B的兄弟，B是C的兄弟，而C是D的姐妹，那麼，A就是D的兄弟」。

㈢程度的綜合原理

一個詞項如在同一點上與其他兩個或更多的詞項具有程度的關係，則這些其他的詞項也彼此發生程度的關係。例如，「A比B更熱而B比C更熱，所以，A比C更熱」；「A色彩比B更明朗，B比C更明朗，所以，A比C更明朗」；「A音調低於B，B低於C，故A低於C」。

㈣、㈤時間和空間的綜合原理

若同一詞項在同一時間或空間的世界之內與其他兩個或更多的詞項發生某種時間或空間關係，則在這些其他的詞項之間也一定具有一種時間或空間關係。例如，「A在B以北而B在C以西，故C在A東南」；「A在B前一天，B與C同時，所以，C在A後一天」。

由上可見，三段論式只能適合主詞和屬性的綜合原理，而不能適合其餘的綜合關係。第二、三、四、五種綜合都不能納入傳統的框子以內。第一種綜合可以包括三段論邏輯的每一種推理。布拉德雷認為，傳統邏輯主張只要是推理都必須根據一個全稱大前提的理論，只是一種「衰老無力的迷信」和「幻想怪物」。他說：

> 這個幻想怪物是由一種古老的形而上學的謬誤所產生，為愚蠢的例證所養養，加以邏輯學家昏庸的保守主義使它有機可乘，而後起的與之相衝突的若干想法又太軟弱，讓它無形中受到一種保護，於是遂一直持續到現在，早已超過了它的歲月。實際上它也是早已死亡了，除了應該把它埋葬起來而外，不值得有何留戀。❹

----

❹　*PL*, pp. 247–248.

他覺得，只要這個「幻想怪物」的真面目一旦被揭露，三段論比一切其他推理優越的論調就再也站不住腳了。三段論是一種推理形式，但只是一種推理形式而已。

布拉德雷在《邏輯原理》第三部中對於上述在第二部中所界定的推理又進一步進行了考察，指出上面有關推理的說明是不夠的，許多推理不能納入上述的公式：「推理含有一種觀念的綜合，圍繞著同一性的一個或幾個中心，把兩個以上的詞項組成一個結構。所謂結論便是這些詞項的一種新的關係，我們由直覺而知覺到它存在於我們所組合成的單個整體中。」有些推理是沒有中心的，並沒有一個中間項把兩端連結起來。例如，直接推理的情形就是如此，它們顯然可以得到一個新的結果，並且不是依照上述公式行事的。加法和減法好像也是推理的過程，但決不能說它們代表兩端名詞的新關係，依靠對中詞的關係。還有一種推理不好解釋。如果給予了我們的是A，我們進一步發覺了有兩種可能：Ab和Ac，再如果我們已知Ac並非實在，於是我們便可大膽假定Ab就是事實。這裡我們似乎也是在作推理，而且這種推理至少表面上看來是很正確的，但是這一推理形式也不能由我們的公式而說明。此外，當一個對象AB被認為是C的時候，這個C在觀念上便是一個附加的補充物，我們也似乎是作出了一個真正的推理。可是這個推理卻沒有我們所需要的前提。辯證法的方法所得到的結果，其觀念的活動也很難認為就是把幾個名詞或項結合在一起。其他如抽象作用、比較和區別，也都能得出結論，它們都是推理，但不屬於上述的公式。因此，布拉德雷進一步考察了各種新種類的推理，對於推理的一般特徵重新作了考察。他認為，推理就是一種運算。他說：

不管是怎樣一種運算，但總有某種運算。這個運算是一種觀念的實驗，以某種給予的東西為對象，這個過程的結果一定歸之於原來的材料。❶

　　在推理中，我們總有一個給予的出發點，繼之而起的便是運算，最後使原來的出發點受到修飾和限定。這就是說，推理有三個要素：⑴幾個前提或一個前提，⑵一個運算，⑶一個結果或結論。例如，從被限定為兩對關係（A在B之右和B在C之右）的實在作為出發點，這就是原來的材料；經過對這些材料的運算即「觀念的實驗」之後，得到一種綜合即作為觀念整體的一種結構，這就是C-B-A；最後得到由結構所產生的結果C-A（A在C的右邊）。因此，被限定為C-B和B-A的實在就是被限定為C-B-A的實在，也就是具有C-A關係的實在之自我同一的主體。由此可見，推理的本質是在實在的許多謂詞中間發現一種系統的相互關係，而不是用一個第三項把兩個項連結起來。可是把推理說成是一種「觀念的實驗」，使推理看上去就好像完全由我們製造出來似的，而我們的結論就會是我們故意選用的運算之結果了。布拉德雷認為，這是由於我們忽略了推理所應有的那種必然性的緣故。他指出，要正確對待這種必然性，我們必須強調在這種「觀念的實驗」中，材料或論據要按照自己的方式發展；在推理的過程中，任何一個步驟如果只是「我們的」特殊做法，僅僅表現了個人的興趣，都是和推理違反的。推理活動是一種自己發展的過程，結論必須很自然地從前提裡面生長出來，決不能以任何方法生搬硬套。因此，布拉德雷在《邏輯原理》第二版增寫的編末論文第一篇〈論推理〉中，重新對第三部中的推理定義作了

❶ *PL*, p.431.

考察。他關於推理本性的新見解如下：

1.推理是一個過程，是一個對象之觀念的自我發展。推理是「必然的」，這便意味著正是真實的對象而非任何別的東西，自始至終保持它自身的發展，從而排除一切與之不相干的外來東西。推理具有「普遍性」，這不是因為它不止為一個人所必須進行或出現了不止一次，而是因為它具備一種本質，與多少伴有不相干性質的特殊細節迴然相反。換句話說，每一個推理都是超出它的「這個」、「這裡」和「現在」之外的某種東西。它包含著一個「為什麼的理由」、一個「原理」、「因為」和「必定」。它的自我發展可以帶有和表現出強制的特徵。

2.給予的對象就是擺在我們面前的一個觀念的內容，我們把它當作實在的東西，它的存在和「實在」合而為一，也就是與實在的宇宙成為一體。推理必須貫穿於它的特殊對象的範圍內。但是在任何一個特殊場合，這個對象是什麼以及它的實際範圍究竟如何定法，卻不能按照表達它的語言形式來把握。

3.推理要想仍是推理，就決不能變成不是觀念的東西。它的目標及其最後所得的結論，總是作為一個真理而提出的，始終是關於它的對象的一個判斷。

4.如果對象不能前進一步超過它的起始狀態之外，那麼就沒有推理。但是另一方面，如果對象能夠變動，越出它的本身範圍之外，這樣推理就要被破壞了。只要我們承認自我發展的事實，這一困難就無法避免。但是，邏輯不探討這一類最後的難題，它必須接受和強調上述的自我發展的觀念。它要讓它本身與這一觀念合為一物，同時使它在實用中所涉及的假設明朗化，並加以發揮。這些假設，邏輯是沒有力量解釋的，而且其所涉及到的終極的困難，邏輯也不

應當過問。

5.從邏輯的方面看，推理的本質寓於對象的雙重性質之中。每一個推理都從一個特殊的對象出發，同時又局限於這一特殊對象。但是這個對象總被看做與實在為一體。因此，一個對象決不僅限於它本身，同時還作為一個整體裡面所包含的一分子；而且它之所以成為它自己，也正因為它存在於整體的包容之中。整體在邏輯上是一個觀念的又是實在的系統。這個對象跟它本身以外的整體二者之間的差別和本質的同一性，便是自我發展這一難題的關鍵之所在。這個特殊的對象一方面逐步推進，達到一個結果，超出原來的起點之外，然而同時它的演進過程卻始終沒有逾越它的本質內在發展的範圍。它的進展藉以實現的媒介及其必然之勢，便完全蘊涵在它本身之內。

6.邏輯假定了蘊涵的存在，蘊涵只要是真正的，就是實在的，它假定了一個觀念的宇宙，以及在這個宇宙之中的諸從屬整體和系統這樣的實在。在這些錯綜複雜的統一體中，諸元素的聯結不是由外在的機遇或命運所決定，每一個元素都內在地屬於它的整體，也就是說，每一個元素的原因都出於自身。從邏輯上說，無論何處只要進行推理，就要求有自我發展，並承認蘊涵的實在。因此，凡是在你有了一個系統的地方，你總可以從這個系統之內某一定點出發，根據這個起點的真正內在本性之所表露的必然性加以發展。這個必然性屬於你的特殊對象本身，它不僅超出你的對象，而且同時限定了那個對象以及對象發生於其中的整個系統。

二、 推理的種類、缺陷及其實在性

布拉德雷依據上述的界定：「推理是被我們看做實在的一定對

象之觀念的自我發展」，對推理的種類及其缺陷作了考察，但是，他認為推理的種類不能列舉完全。布拉德雷列舉的推理種類如下。

㈠辯證法的推理

在這種推理中，明顯的前提是我們的對象，也就是呈於我們之前區別開來的內容。但是另一方面，暗中蘊涵的卻是整個「實在」——一個觀念的、系統的整體。這個系統內的每一個成分都與所有其餘的部分正面地或者反面地互相關聯，牽一髮而動「全」身；這些相聯的因素當中，給定一個作為你的對象，這一對象通過一系列越來越廣的總體擴展其自身，到了最後便可以成為並包含整個系統。這裡的推理可以稱之為任意的，因為你進行推理的起點，以及你所獲得的結果都是全憑你的選擇。其次，這種推理也是有缺陷的，因為它跟所有別的推理一樣，也是抽象的，在這個限度內，它就不能容納為自己的存在之所包括的一切。但是儘管有這些保留之點，以上所說的觀念系統是實的，它的內在運動過程也是實在的，所以我們可以認為辯證法達到了作為自我發展的推理之理想。

㈡選言推理

這裡我們有一個整體，就是R_aR_b，消去或確認這個整體的一部分，便可達到肯定或者排除另一部分的結果。這裡的整體就是 R，我們把它理解為完全表露於它的各成員之中，而各成員在整體中以一定方式相互關聯。在選言推理中，我們面對的前提便蘊涵著結論，而且前提就憑了自身的運動達到了結論，因此，我們可以說推理的理想已經實現了。一方面是被連結的整體，另一方面是自己據以開始的屬於那個整體的一部分，二者都包括在前提裡面。這裡所有任意的東西都已經容納在內，因而作為我們對象的前提便靠了自身發展成為結論。

　　但是，推理過程本身也必得以一定方式把它看成實在。在這裡它也與一切其他推理一樣，必須進行抽象，撇開其心理事實的方面。此外，選言推理有一個致命的、無法克服的缺陷，這就是它含有連續性的一種中斷。單純的R決不能無緣無故地把它自身分裂為R_a和R_b，而a和b之在R範圍內發生選言的聯繫當然也不會毫無原因。顯而易見，說單純的R是a，或者又說R憑其本身便是b，這兩句話都是自相矛盾的。所以我們的推理裡面仍然暗含了一個未知的條件——一個x。不是單純的R_a，實際上乃是$R(x)_a$，才排斥了b；同樣，排斥了a而成為b的，實際上也只是$R(x)$。這個x為我們的前提所必需，卻沒有包括在前提之中。正因為它是未知的，所以對於我們所知道的無論是什麼，它總是落在R本身範圍之外。不過假如是這樣，我們的推理便產生了裂縫，因為作為自我發展，由於有了一個外來的異體的侵入，它已遭到了破壞。

(三)三段論推理

　　這種推理就是假定了一個為許多屬性組合而成的世界，把它看成是實在的，其中無論哪一個屬性拿來納入或當作一個特殊主詞或主體的時候，那個主詞便會將我們所能歸之於它的任何東西連貫起來。由此可見，推理一定要依靠一個整體，但是那個整體並沒有作為整體給予在單純的前提之中，不過另一方面它也不是單純地由我們所造作的。我們所選擇的出發點，以及所牽涉到的特殊宇宙的挑選，都可稱之為任意的東西。可是這裡面逐步走向結論的運動，以及這個運動發生於其中並賴以進行的總體之存在，卻既是必要的，也是真實的。另一方面，即使承認了這個假設，三段論推理還是免不了有它的缺陷。如同一切別的推理一樣，它是抽象的，在這個限度以內，它便缺乏了真實性。其次，它還有一個缺點，就是它的蘊

涵之所意味的東西純然是外在的。例如，蘇格拉底是人，因為是人，所以有死。這就是說，蘇格拉底會自行發展到死亡，因為它跟一個具有某種關聯的整體合二為一。但是它與這個整體的結合以及其他任何必要的關聯，都不是真正內在的，這就是說，只要任何地方一個外來的東西、一個未知的 x 已經闖入，這時所有的聯繫也就降低為單純的聯合了。無論何處，只要有這種情形發生，推理的作用當然就失敗了，它已經喪失了自我發展的主要特徵。

㈣算術推理

　　如果算術的過程及其結論都不過是我們所造作的東西，那就沒有了自我發展，也無所謂推理。此外，我們必須假定算術上處理材料的作用及其所得的結果，其所以成為可能也只是因為有一個實在的整體或系統，唯有在這個系統之中那些材料才是實在的，它們以及對它們的運算都要靠著這個整體的本性。一個給予的對象或多數對象，必須和這樣一種宇宙具有統一性，爾後算術的運算過程才能成為真正的自我發展，也才能成為一種推理。所以我們第一必須有一個實在的整體；第二還須問這個整體是否在真正運動著，對這樣一個問題的回答既是一個「否」字，又是一個「是」字。這就是說，對算術來說，要假定實有一個數的世界，一面有運動，一面又沒有運動。

　　算術中的推理必然要求有自我發展的特性，但是它並沒有能夠實現這個理想。首先，算術推理也是不完全的，因為它只能做到抽象，從而不能說明自己本性的另一面。其次，它在每一場合都要靠著一個整體，而這個整體顯然包含著許多矛盾的性質。此外，這個整體的運動即使我們假定其為實在，也仍然是「外在的」。 換句話說，它的過程步步都要從屬於一些未知的條件，因此它的各種關聯

可以任意分割，或多或少地加以解剖。但是，分析的推理有很大的缺點。在它的過程中含有一個步驟，不能為我們所理解，顯然是從外面硬加進來的。這裡面的Ro第一次出現和第二次出現的差別，以及Ro從第一階段到第二階段的轉變，除了單純的o的同一性之外，還需依靠某種其他的條件才行，可是這一條件卻被遺漏了。但是一經有了這樣的遺漏，推理的連續性就有了破綻。這個過程在某一點上只好立足於單純外在的聯合之上。如此一來，上述推理就無從實現它的主要特徵，而所謂始終貫徹真正的自我發展也就完全落空了。

在抽象的推理中，我們從同樣給予的對象Ro(abc)，可以引出一個結論R-a，或R-b，也可以是R-c。這裡的中項便是R的觀念，我們把它看成一個世界，其中各種成分的聯繫只是關係性的，而每一關係是外在的。由於Ro(abc)裡面所包含的各種成分a、b、c同出現於這另一世界之中的a、b、c具有同一性，所以我們的對象Ro(abc)便通過這個同一性而發展其自身。它本身變化為R-a和R-b和R-c，從這裡面再消去外在的「和」字，它就可轉變為這三個部分當中任何單獨的一部分。因為在這裡我們假定了那個實在世界是我們的原理，其中凡是在R之內的各種成分的聯繫都不是實的。這樣，抽象的推理當然還是可以說成我們對象的自我發展，不過我們已經看到這要依靠一個假設。此外，這一推理有很多可疑的地方。這裡所得的結果究竟在什麼意義和怎樣的情況下，可以認為從開始就形成一個連續的自我發展的過程？如果我們承認這裡確實得出了一個結論，那麼為什麼原來的材料是一種樣子，而到後來又成了另一種樣子，這是憑著怎樣的一個被省略掉的條件？這裡的改變是不可否認的，但是否果真我們的對象本身發生了變化？要肯定這一點似乎是有困難的，然而如果我們不能肯定這一點，我們的推理連同這一過

程又將成為不實在的東西。

(七)比較的推理

比較也必須要在一個觀念的整體之中，並借助於這個整體才能達到它的目的。這個整體是一個假設的世界，它是完全可以理解的，其中一切成分都可憑同一和差異的關係而使之分離或聯合。這一個假設的世界也可稱之為一個宇宙和類的系統。比較有兩種情況：

1. 發現同一性。R有了兩個實例，一個是R^1abc，另一個是R^2dbf，這兩部分導出一個結論$R(\beta)\big\langle{}^{abc}_{dbf}$。這就是說，每一部分都有一個共同點b，這個共同點通過與其假定了的β所具的同一性，就是我們的兩種材料不僅成為單純R的實例，而且現在已成為$R(\beta)$的實例。這裡中項是一個觀念的整體，我們假定了它是實在的，其中特性β是一個類，分布於它的一切實例之中。b跟這個β在R^1abc和R^2dbf中的同一性運行於這個過程之中，發展了我們得出來的結果。

2. 發現差異。這裡我們據以出發的兩個情況是Rb^1a和Rb^2d。我們所得的結論是這兩種情況在a和d兩點上彼此互異。這裡的中項是給予的a跟一個α，以及d跟一個δ所具有的同一性。我們假定了兩個成分α和δ存在於一個觀念的整體之中，而這個整體也包括我們給予的兩個情況。這兩個成分是普遍性和類，包含著並體現於Rb^1a和Rb^2d。a和d之所以不同，是因為它們實際上都是α和δ不同的事例。

把比較作為一種推理來考察，必須要假定一個觀念的宇宙。但是這個假定究竟真實到什麼程度，是很成問題的。我們很難將過程的實在跟它的結果的實在協調起來。如果比較的作用所得的結論本來已經預先存在，那麼如何能說它是由這個過程而產生呢？如果我們花了一番功夫，只不過引導我們能夠看到原來已有了的東西，推理本身似乎就不再能與實在的對象發生關係。另一方面，假使我們

自己作出了結論,起點的東西便顯然沒有繼續發展其自身直到終點,這樣推理明顯就被破壞了。然而如果要維持這個世界裡面的真實發展,既有同一,又有差異,而承認有實在的運動、我們的比較不過是它的一個側面,那又會從另一面引起麻煩。因為這樣一來,我們又否定了最後發現的東西在開始的時候實際便已存在。

總之,上述各種類型的推理都建立在一個或幾個假設之上,這些假設都是它們所不曾而且也不能夠說明的。因此,每一種推理在原則上都是有缺陷的。但是,反過來說,真理和邏輯如果掌握不了終極的實在,又將不能完全達到它們自己的目的。從這一點看來,邏輯在追求自己目的的時候,利用各種假設,甚至於虛構,又是很自然而且很合理的。此外,邏輯同其他特殊科學一樣,在原則上必須進行抽象。它經常要和觀念的東西打交道,而最後涉及的卻仍然只是一個對象或幾個對象。可是,凡是一個對象的東西總是一種抽象,所以邏輯有必要忽略掉真理的一個不可分離的方面,這個方面就是真理的心理存在的方面。若要真理存在,真理本身就必須要發生和出現,並且還要作為精神的事件而存在。因此,要想真理得以完全實現其本身,它就必須包括其自己存在這一基本方面。可是,對於這一方面,邏輯要想存在,卻正好一定要進行抽象,必得予以捨棄才行。也就是說,邏輯要忽略掉具體事實的一個必要的部分。

由以上的說法能不能得出推理是不實在的結論呢?布拉德雷對這個問題的回答是否定的。他認為,推理的本質特徵是推理之中的觀念聯繫,這個聯繫的次序本身既不受我的選擇的支配,也決不是僅屬於我。它的觀念發展不但是真的而且是實在的。推理總要預先假定某些整體作為自己的靠山,只有在這些整體中,憑藉整體的力量,它的運動才是有效的。邏輯正是把這些整體看成是可理解的和

不期而遇的聯合，在心理發展史上可以找到各種觀念連結在一起往
往完全出於偶然性。如果就這些觀念本身來看，我們是不能發現它
們有什麼聯繫或理由會結合在一起的。單純偶發的環境使這些觀念
聚攏來，而對這些觀念來說，那種環境卻是完全可以不存在的。這
樣一種偶然的聯合就是「心理聯想」的一般意義。就是在這個意義
上，這一名詞才相應於我們大家都承認的事實，但是它決不是表達
任何種類的理論。它並沒有作出關於觀念本性的任何斷言，也沒有
作出任何關於它們再現的定律的說明。它只是要我們注意到許多事
實中的一個事實。它並沒有說除了感覺、印象，或情感之外，還幾
乎要把心靈中的一切東西都還原為這個簡單的事實。但是，經驗哲
學的觀念聯想論卻把對一個事實的比喻說法變為一種包羅一切的理
論。它提出了關於心靈究極成分的一種學說，認為這些成分就是特
殊的感覺和特殊的觀念，都是互相排斥的單元，絕對沒有任何內在
聯繫的紐帶。各不相同的單元找不出一點共同的基礎，可以作為它
們結合的真實根據。這種理論把普遍性和同一性嘲笑為幻想的東西。
在這些單元的行列中，我們可以分為兩類，一類是感覺，另一類是
觀念；它們都是各自分開的個別實在。布拉德雷援引休謨 (David
Hume, 1711–1776)的一段話作為這種理論的代表：「一切不同的知
覺就是不同的存在，心靈決不能感知這些不同的存在之間任何真實
的聯繫。」布拉德雷稱這種經驗哲學為「心理的原子論」。這些原子
都沒有共同的東西，從而它們彼此之間也不可能有「真實的聯繫」。
它們聯合在一起完全是由於機緣或命運的作用。我們所得到的各種
印象的出現也有某種排列次序，在某些場合好像還導致它們本身微
弱暗淡的摹本，但這只是來自一種不可知的必然性質，這種性質決
不能說是那些單元的本性。至於這些印象與觀念、觀念與觀念之間

的第二次連結，那當然更加是偶然的聯合，它所遵循的定律不過是某種無理性組合重覆出現的一般表達而已。命運和機緣便是同一惡魔的兩個別名，這個惡魔主宰著那些飄忽無常的單元的進程。在它們占據我們的靈魂深處短促的過程中，它們都不過是由偶然的表象或命運的湊合而組合在一起。布拉德雷指出，觀念的聯想論有兩條聯想律，這是由英國心理學家貝恩(A. Bain, 1818–1903)在《感覺論》中提出來的：

1.接近律：「無論行動、感覺，或情感的狀態，如果出現在一起或連續出現，則今後也會發生或凝聚在一起，也就是說，換一個時候它們當中任何一個呈現於我們的心靈之前，其餘的在觀念中也就會跟蹤而至。」

2.相似律或契合律：「現在的行動、感覺、思想，或情緒，都傾向於喚起與之相同的以前的印象或心理狀態。」

彌爾在《邏輯體系》一書中也有同樣的話，但是次序有所不同，「這些定律的第一個是，相似的觀念總傾向於互相喚起。第二個是，兩個印象如果經常同時地或直接相連地被經驗到（或哪怕被想到），　那麼這些印象或其觀念無論何時只要有一個出現，也總可以引起另一個的觀念。」

布拉德雷把它們總結為：凡同時存在的心理單元總會凝聚在一起，凡相似的心理單元總會互相喚起（至少在意象中）。　他認為這兩個定律都是虛構，其主要論據是：按照這兩個定律而回憶起來的觀念都是特殊的存在，個別的原子是聯想的單元；可是恰恰相反，在一切的心理再現中到處起作用的還是共同的同一性，從來沒有任何特殊的觀念互相結合或能夠聯結起來，凡是聯合在一起的東西必是普遍的。他把再現的主要規律概括為：一個心靈狀態的任一部分，

如果再現的時候，也會使其餘的部分復原；或任何成分總傾向於再現跟它在一起形成一個心靈狀態的其他成分。這個定律稱之為「復原律」。這個復原律並沒有排除作為一個整體呈現於心靈之前的一連串事件，而且也不是只限於知覺和觀念。復原律跟接近律表面有點相似，但是所代表的見解實在彼此不可調和，中間隔著一道鴻溝。接近就是心理單元的凝結，它的成分都屬於特殊存在的現象。它所連結的都是實際的個別印象或意象本身。它決不是普遍性跟普遍性的聯合。但是，復原卻只能是各種普遍性之間的聯合，決不是特殊事實的恢復原狀。復原律根本不能用來安排任何可以成為現象或可以成為存在的事物。它不能聯繫各種心理單元，而完全限於普遍性的東西。總之，接近律斷定的是各存在之間的聯合，復原律斷定的則是普遍性之間的聯結，而普遍性本身是不存在的。前一場合起作用的是個別物之間的外在關係，後一場合發生作用的則是在個體之內的觀念的同一。前者所處理的是那個，後者所處理的則是什麼。前者所連結的是事實，後者所連結的不過是內容。依照這種見解，關於心理的特殊物之間的聯合或聯想的說法，完全是無稽之談。第一，這些特殊的東西都是變化無常、轉瞬即逝的。其次，它們只能出現一次，一經過去，即永不再來。

要說一個特殊的事實可以持續存在，或者已成過去之後又能復活，這樣的想法在我們的知識範圍內是找不到任何證據的。特殊的事實之所以成為特殊，乃是因為一種複雜的情況和詳盡的內容，這決不是再度出現的情況和內容。第二次喚起的東西不但添上了新的關係，而且它本身也不相同。它已經失掉了一些特色，改變了原來的性質，披上了新的裝飾。就算它是復活的話，復活了的也只能是它的靈魂，而決不是原來的個體。

　　復原的理論並不要我們一定相信過去的東西能夠重新存在。它可以給這類事實提供一個比較簡單的說明。假定給予了任一表象 X，具有這樣的內容：… abcde…，這個表象的單一性在某種意義上就是它的內容的一種聯結。表象的事實絕對消失了。剩下來的只是一種心理的結果，但這個結果決非現象，也不是一種特殊的意象或這些意象之間的關係。它是心靈的一種變化，這種變化呈現於我們面前成為由內容過渡到內容的一種趨勢。它是一種聯繫，但並非在這個a和這個b之間，或在這個c和這個d之間，而是在普遍性的a和b之間，或在普遍性的c和d之間。它是心靈的一個性質，表現在如下事實之中：如果某一內容在表象 X 中出現過，那麼（縱然使那個內容在 X 中特殊化並使之存在的一切東西已經消失）這個單純的普遍性 a，b，c，或d當與不同的一組特殊物一起給出之時，仍可以憑著它的觀念的同一性恢復其他任何的普遍性a，b，c，或d。在這裡面發生作用的乃是普遍性與普遍性之間的聯結，而這個作用的基礎便是現在的東西和過去的東西之中某種成分的觀念同一性。總之，一切聯想都發生於普遍性之間，決沒有其他的聯想存在；每一種再現都是通過同一性加上普遍性的聯結而產生的。布拉德雷指出：

　　　　心理學上「聯想」的事實當然是毫無疑問的。可是正統的英國哲學對於這個事實所提出的說明，在我看來，不僅很有疑問，而且虛妄無稽。它不但不足信，而且與任何頗為精確的推理理論發生不可調和的衝突。因為普遍性和同一性這兩種東西，我們已經知道，對於每一個推理都是不可或缺的，而在「經驗論」的思想中卻沒有存在的餘地。這種理論供給我們以一種虛構的代替物，而這是不存在的，所以是不能起作

用的，而且即使存在也是不會發生作用的。**⑰**

㈡從特殊到特殊的論證

布拉德雷認為，直接從特殊事物過渡到特殊事物的推理是完全不可能的。它至多也只能是心靈的一種想望，而為這個世界所決不能夠滿足，或者是由直覺而產生的一種先天的假設，一經分析便會歸於消逝而為經驗所排斥。

布拉德雷所反對的「由特殊到特殊的論證」也是經驗哲學的一個論點。經驗學派提出了以下假想的論據：

為什麼我們不能從單純的特殊物進行推理呢？我們的推理是否不根據事實呢？如果各種事實並非特殊物，它們又是什麼東西呢？所以或者我們不從事實出發，結論也不歸於事實，或者我們可從特殊物推出特殊物，二者必居之一。這個結果可從第一原理推演出來。而普通經驗也支持這個結果。我們可從已知的事例過渡到新的事例，不需要訴諸任何一般原理。我們已經看到了某種事物出現，並且給定一個新的實例，我們立刻就可斷定它也將出現。但是我們的結論除了這個事實之外，並沒有任何別的理由。這樣，在後一場合，我們的論題獲得了後天的證明，而前一場合則是先天的證明。現在我們還能再加上一個間接的證明：如果推理一定要有大前提才行，那麼下等動物便不能夠有推理的活動；但是它們顯然也會推理，因此，我們的論題得證。

布拉德雷認為，上述證明只有兩點：第一，證明了我們是從事實的經驗出發，這個經驗便是我們推理的基礎；第二，證明了我們並非總是從一個明顯的大前提出發，從而其他的推理方式也是可能

⑰ *PL*, p.299.

的。布拉德雷也同意這兩點。但是，經驗學派以這兩點作前提還得出一個結論：我們的推理是從特殊物本身直接過渡到特殊物。這是布拉德雷堅決反對的，其理由是：

1.我們所要證明的命題是我們能夠作出一個推理，直接從特殊物本身過渡到其他特殊物。而經驗學派拿出來證明了的結論則是：我們可以從特殊物的經驗得到一個特殊的結論。這兩個斷語有巨大的差別；看不出它們的巨大差別，是一個很可笑的不當推斷。為證明上述論題，我們必須假定或者我們可以直接從特殊事實過渡到特殊事實，或者必得通過一個明顯的三段論式逐步前進。但是我們找不到任何證據來說明這兩種選擇就已窮盡了一切可能，而且當兩者之一與事實相對照時馬上就不能成立。

2.所謂特殊物究竟指的是什麼東西？如果指的是，過去的經驗以其本來的特殊面目，重現為由特殊到特殊的推理所用的前提，那麼這不過是純粹心理的虛構。過去事物特殊的意象保留原來特殊狀況，這是根本不能得到的。如果認為每一個消逝了的知覺都留下一個永不磨滅的複本，這種學說是離奇透頂的杜撰。

3.有人在最低級形式的推理中也看出一個或者幾個過去的意象出現，跟它們所修飾的事實結合在一起，這也是一個純粹的錯覺。當一個現在的知覺被過去經驗的提示所限制的時候，這些提示決非來自業已消逝的事件的特殊意象。這個理論乃是又一種毫無根據的杜撰。

4.在較高的發展階段中，過去的事件才能為心靈所回憶，我們才能從一個特殊意象進行論證，但是就連這時我們也不是從它的特殊性、心理環境和臨時色調出發的。我們推理的出發點乃是內容，乃是觀念，它們可以存在於不同的時間和變化紛紜的心理條件之下。

這個觀念本身不需要整個用到，我們推理可以從它的一部分出發就
夠了。

5.在我們從記憶出發進行論證的特殊事例中，我們使用過去的
事件總是把它當作一種類型或例證。由於這個過去的事件以及現在
的知覺，都是作為實例來到我們的面前，因而我們往往忽略掉在它
們之間存在的某些差異。我們感到這兩者「具有相同的東西」。如
果是這樣，那麼我們的結論直接所依據的前提就不是特殊的了。這
是一種普遍性的抽象的東西，也就是我們所謂「一般的印象」。

6.從特殊到特殊的推理顯然是一種類比論證。在這種論證中，
我們沒有使用論證所從而出發的特殊物的整體。這種類比推理只能
騙小孩子。他把狗所具有的一些屬性的關係移植到貓身上來，他推
理的根據就是這個一般關係。例如，他從狗高興起來搖尾巴推出：
貓搖尾巴時一定也是感到高興。這是一個錯誤的類比，正因為它是
一個不當的概括。在錯誤的類比中，我們誤把某事實當作一個規則
的另一實例，而實則並沒有共同的規則，事實也並非實例。在真正
的類比中，我們一定要使用一個原理，雖然我們不能陳述它。我們
可把類比推理修改成：「A、B和C是a，所以，D既與它們相似，當
然也是a」。這樣一來，我們便不再是從單純的特殊物進行推理了。
我們的推理乃是從相似性出發，從D跟A、B和共同具備的一點或幾
點出發。並不是因為A、B和C是a，而是因為它們包含著某種成分
β是a，又因為我們在D裡面也發現有β，於是我們才推斷「所以D是
a」。從相似性出發進行推理，也就是從同一性出發進行推理，出發
點便是幾個特殊物所包含的相同東西，其本身並非特殊物。由此可
知，從特殊事例進行推理時，我們總是要捨棄一些差異，不捨棄這
些差異就不能進行推理。當這些差異被置之不顧之時，剩下來的東

西就是普遍性。

由上所說，布拉德雷得出的結論是：在實際上從來沒有由特殊物到新特殊物的推理。緊接著，布拉德雷對彌爾的歸納法進行了猛烈的抨擊。

㈢彌爾的歸納方法

布拉德雷針對彌爾的歸納法指出，從特殊的感性知覺出發，單靠完全精確的論證過程以及理論上嚴密的步驟，是決不能夠達到普遍真理的。他從以下三個方面對彌爾的求因果聯繫五法進行了批評。

1.假使我們從單純的事實出發，這五法便不可能付諸使用，所有規則都預先假定了一些普遍真理作為工作的基礎；因此如果這些方法是有效的，那麼它們在從特殊物進行概括的意義上也完全不是歸納的。首先引起我們懷疑的是所謂「剩餘法」。這種方法被認為是「心靈運算」的重要手段之一，「人類便賴以實施特殊的觀察，通過經驗，探求自然律」，但是接著又公開宣稱它要完全依靠「先前的歸納」。這就是說，如果沒有預先準備好的一個或多個現成的普遍命題，它就根本不能發生作用。

這些方法所處理的材料，從來不是事實，而總是普遍性。為此，布拉德雷把彌爾的五條規則全部列出加以考察。

第一條規則即契合法：如果所研究的現象的兩個或多個場合只有一種情況是共同的，那麼為所有場合之所同具的這一共同情況就是此特定現象的原因（或結果）。

第二條規則即差異法：如果所研究的現象在某一場合出現，在另一場合不出現，而這兩個場合一切情況都相同，只有一個情況為前一場合所有，後一場合所無，那麼，為這兩個場合差別之所在的這一情況，便是所研究現象的結果，或原因，或原因的一個不可缺

少的部分。

第三條規則即契合差異並用法：如果有兩個或多個場合出現了所研究的現象，其中只找到一種情況相同，又有兩個或多個場合不發生這個現象，其中一切都不相同，只具備一個共同點即找不出上述情況，那麼，為這兩組場合區別之所在的那個情況，便是這個現象的結果或原因，或原因的一個不可缺少的部分。

第四條規則即剩餘法：如果從某種現象減去由先前的歸納知其為一定前件的結果這樣的部分，那麼，剩下來的就是其餘前件的結果。

第五條規則即共變法：如果每逢某一現象發生一定的變化時，另一現象也隨之發生一定的變化，那麼，前一現象就是此另一現象的原因或結果，或兩者具有因果聯繫。

由以上的規則可以看出，在我們開始歸納之前，我們已知道，在某些確定的條件組合之下某些結果已產生。但是如果我們知道了這一點，那麼也就知道了當給予一些條件時，這些結果總會產生。這樣，每一個場合已變成一個全稱命題，根本不是一個特殊事實。例如，我們想達到普遍結論：「油脂和鹼化合便可產生肥皂」，出發點都是普遍命題：「一種油脂和一種鹼，如果在條件bc和de之下化合，在每一場合中都可產生肥皂」。後面這些命題的普遍性是不能否認的。這個例子用的是契合法。總之，歸納法陷入二難的困境：一方面它們都預先假定了普遍的真理，所以不成其為證明普遍真理的唯一方法；另一方面如果它們能夠成為唯一證明普遍真理的方法，那麼每一個普遍真理並未得到證明。

2.這些方法的過程不是歸納的。這些過程只是一種消去法。一個觀念的結構，排除掉它的一部分，當然可以建立起剩下的一部分。

因此，這個結果可以比整個原來的材料更為抽象，但不一定比某些前提更為抽象；相反，它的抽象程度也許更少。如果5個李子、2個蘋果和10個栗子放在秤盤上，同3個梨子、2個桃子和6個葡萄恰好相平衡，這時我知道了栗子跟葡萄等重，蘋果跟桃子等重，這樣一來，通過想像的作用，減掉其餘的部分，我們可以推斷李子跟梨子等重。不過假如這就是「歸納」的話，那麼「$x+5-3=a+4-2$，所以$x=a$」以及「A或者是b或者是c，A不是c，所以它是b」也都可以成為歸納了。如果每一個不是三段論式的推理都是歸納，上述兩例當然也就是歸納推理。但是這樣一種假設顯然是錯誤的。

上述這些方法實質上都是剩餘法或差異法，它們都以同樣的方式得到結論。它們都是在一定的整體之間確定一種關係，通過除去每一個整體的一些部分，建立其餘成分之間的這種關係。契合法和共變法的原理也是同樣的。在契合法中，材料是ABC–def, AGH–dij, AKL–dmn。又假定了def, dij, 和dmn這三個組合裡的d不可能由不同的原因而產生，而BC、GH和KL既然不同，因此就不能產生d。剩下來的只有A，它是剩餘，也是差額，所以A就成了原因。可見，契合法不過一種消去法。在共變法中，我們有$A^1BC–d^1ef$，又假定A^1變為A^2的時候，就有$A^2BC–d^2ef$。從這個整體除掉$^1BC–^1ef$，$^2BC–^2ef$，於是得到結論A–d。這也是一種消去法，由於消去的前提可能與剩下來的結論同樣的抽象，所以這個過程決不能稱為「歸納的」。

3.這些方法沒有一個可以成為證明的標準，每一個都可得出虛假的結果。

契合法的前提是：ABC–def, AGH–dij, AKL–dmn，結論是：A是d的原因。它所根據的原理是：凡是在不同場合中的不同東西都

可消去。這個原理是虛假的，因為同樣的結果不一定總由同樣的原因而來。所以，這個概括根本就靠不住，從而它的規則也是虛假的。

差異法從「ABC-def, BC-ef」兩個前提出發，得出結論：「A是d的原因或其原因不可缺少的一部分」。這個結論是站不住的。A在這裡可能是一個孤立的因素，在d的產生中它的出現也許是很偶然的。對這種方法來說，d的發生可以完全用不著A，而A的出現也可以不產生 d。這個方法的基礎是「凡是不能消去的東西，便一定與現象具有一種規律的聯繫」， 這是不能成立的，除非加上一個限制「在這一場合是如此」， 但這樣一來馬上就使得它喪失了概括的力量了。

契合差異並用法的前提是 ABC-def, AGH-dij, AKL-dmn, BC-ef, GH-ij, KL-mn，結論是 A-d。這個錯誤與差異法一樣。正確的結論是：在這三個場合中，A產生了d。

剩餘法從ABC-def, B-f, C-e，馬上就過渡到A-d。要得到這個結論，必須否定B, C或BC對A都起影響以及被A所影響的可能性。否則這個結論是不可靠的，而它的規則也是虛假的，除非你加上「在這一場合」作為限制。

共變法的前提是 A^1BC-d^1ef, A^2BC-d^2ef, A^3BC-d^3ef，而所得的結論是A-d。我們顯然已經消去了一切東西，只剩下A-d作為被證明的結論。這是重演了差異法的錯誤。真正的結論應當是「在這一場合（或一組場合）中，沒有A就沒有d」。但是，不管有多少場合，在邏輯上總是不能證明這種關係離開個別場合仍然是有效的。

綜合以上三點，布拉德雷得出結論說：

這些方法都不是「歸納的」，因為它們不能超出給定的場合進

行概括。它們也不能成為「歸納的」，因為它們不能應用到簡單的事實。它們如果不借助於普遍性便根本不能發生作用。簡言之，它們預先假定了一種結果作為自己的條件，同時又聲稱這個結果只能由它們產生。再說，它們程序的實質與其說是「歸納的」，倒不如說是演繹的。在一些情況下所得的結論，其一般性反不如它的前提。**⑱**

(四)耶方斯的等式邏輯

布拉德雷所說的耶方斯的等式邏輯屬於數理邏輯的初創時期——邏輯代數時期。布拉德雷說，耶方斯的著作對他有很大的教益；他高度評價了耶方斯的成就以及對邏輯發展的貢獻。他認為，耶方斯的邏輯能證明三段論式所能證明的一切；在某些方面，它確實是真實推理的更嚴格的準則；它能很容易地處理許多適合數字推理的問題；與三段論相比，它更易學習而難於忘記。但是，布拉德雷並不是一位數理邏輯學家，對數理邏輯的本質缺乏深入的了解，他從自己的邏輯觀對耶方斯的等式邏輯作了以下三個方面的批評。

1.命題或判斷必須斷定同一性，但這並不是一切命題的目的。首先，從一些事實的判斷來說，如「凱撒是病了」，「池水是結冰了」，「哺乳動物是熱血的」，它們的意思並不是表示自我相同性。認為上述判斷是要否認差異，所說的是雖然凱撒病了但仍是凱撒，這是十分荒唐的。我們並不是想從承認差異來主張同一性。這裡，差異本身才是我們所要表達的信息。其次，如果一切命題都是斷定單純的同一性，那麼每一個命題便會成為假的。等式A=B，耶方斯稱之為「簡單同一」，布拉德雷認為簡單同一不可能是真的：假如

---

⑱ *PL*, p.367.

沒有任何差異，那就什麼也沒有說；如果說了什麼的話，那麼同一性就被否定了。至於「部分同一」，如ABC=A，也是假的：如果BC是虛無，那就沒有什麼東西被斷定；如果BC是一種差異，那麼兩下就不是同一的。第三，如果我們堅持同一性，那麼主詞和謂詞必得完全相同。但即使是一個同語反覆，各詞項的位置也仍然有所不同。

總之，每一個命題都肯定一種差異。判斷決不能還原為片面的同一。雖然我們在判斷中並非總是把一個主詞跟一個謂詞等同起來，可是每一個判斷裡卻都可以找出同一性來。凡是說明有同一性的地方，也就預先假定了差異。凡是說明一種差異的地方，同時一定含有同一性作為它的基礎。因此，每一判斷都是差異與同一性的結合。

每一判斷裡所聯結的各種差異，都可以看做同一主詞的不同屬性。例如，在「鈉＝鈉金屬」這一判斷裡，我們就是斷言鈉和金屬這兩個屬性聯結於稱做鈉的這一主體之中，也可以說，在鈉和金屬這兩個不同的屬性之下，原來的主體並沒有變成另一主體。再如，「等邊三角形＝等角三角形」，這是說，儘管有了這些差異，仍然是同一個三角形，或者說，這些屬性當中只要有了一種出現，在同一主體裡也必可以找到另一種屬性。當我們說A和B是相等的時候，我們所斷定的是：A和B雖不相同，但它們所具有的數量x卻仍然一樣。假如我說「A和B完全相同」，那麼，我一定先把A和B放在不同的地點或時間或其他特殊情況下，認其為不同，然後再肯定它們的同一性。在前一個情況下的相等和後一個情況下的相同，都可看成一個主詞，而A和B則是共存於這個主詞之中的屬性。

由上所說，我們可以斷言不可能有像「簡單同一」這種東西。「等角三角形＝等邊三角形」，這個判斷如果否認了性質的差異便是虛假的，或者如果忽視了主詞的不同也是虛假的。它所斷定的同

一性必定存在於差異之中。因此等邊的主詞與等角的主詞就三角形來說是同一的；更自然的說法是：不同的主詞是同一的，或者說，不同的性質是彼此蘊涵的。

2.推理的過程不是代入。理由是，我們代入的詞項必是同一的，然而如果是同一的，我們就不能代入。如果推理過程不能提供一種差異，那就不成為一個推理過程。如果它能夠提供給你一種差異，那又會打破了同一性。由此看來，如果推理在於代入，那麼它的本質就是對不同的東西的代入。例如，「A等於B，並且B等於C，所以A等於C」，這個推理不可能用相同東西的代入而得到任何結論。A不同於B，B不同於C，「等於B」也不同於A。所謂同一實際上在於A、B和C的數量。A與B的數量相同，而C與B亦復如此。所以A和C的數量相同。可是，這決不能用代入法來加以證明，因為在這裡，每一項的數量是沒有差異的。這三個項是xA、xB和xC。如果你用xA代xB，顯然你就是用不同的東西進行代入。如果你代入的是單純的x，那麼你就什麼也沒有做，因為你已經有了xB這個項。A等於B，但並非就是相同。這兩方面的數量是相同的，但它是一個量，並無兩個。由上可見，真正的推理過程是在共通的同一性x的基礎上，把A和C的差異聯結起來。這也可以稱為代入法：取出與某種差異結合在一起的x，再代之以與另一種差異結合在一起的x，這樣，共存於x中的差異才是我們所需的結論。這種代入法是一種差異物的替換。因此，有效的代入就是把各種差異綜合起來的一種方法。

3.間接推理不能還原為代入。所謂間接推理是指選言推理否定肯定式：A是b或c，A不是b，所以，A是c。布拉德雷認為，當我們知道了A是b或c，並且明知A不是b的時候，我們馬上就可知道b是必須要取消的。這樣，c就是唯一剩下來的東西。可是，耶方斯卻繞

了一個大彎子，通過代入的程序才能得結論。A=b 或 c，將 A 的值
「b或c」插入等式「A非-b=A非-b」的右邊，從而得到「A非-b=A
非-bb或A非-bc」，但「A非-bb」是自相矛盾的，按矛盾律應該取
消，最後得到「A非-b=A非-bc」。布拉德雷指出，像這樣轉一個大
彎子，再回到原來的出發點，並沒有什麼好處。他認為間接推理的
本質在於：

> 間接方法是一個排斥的過程。使用這種方法必須首先找出所
> 有的可能性，然後逐步把所有其餘的都排除掉，只留下一個
> 可能性。換言之，我們有一個選言判斷，然後消除一切選言
> 肢，只許有一個選言肢留下來。因為主詞若被看成實在的，
> 就必須被看成完全確定的和特殊化的東西，所以，留下的可
> 能性是實在的。⓳

四、推理的幾個理論問題

　　布拉德雷在《邏輯原理》一書的最後一部分（第三部第二篇）
就推理的幾個理論問題進行了討論，提出了一些獨特的觀點。這幾
個問題是：形式的推理和實質的推理，原因和因為，以及推理的有
效性和可錯性。

㈠形式的推理和實質的推理

　　形式的推理和實質的（即內容的）推理之關係就是推理中的形
式和內容之間的關係。布拉德雷認為，如果把「形式的推理」理解
為使用一種赤裸裸的形式來處理我們的前提裡面所含的內容，那麼

⓳　*PL*, p.379.

這種說法是不能成立的。因為我們根本沒有赤裸裸的形式可以拿在手裡。例如同一律、矛盾律和排中律，這些原理沒有一個不是有內容的，內容蘊涵在它們的本質之中。因為假如在字母A和B之間，或者A在兩個不同的位置之間，沒有一點差異，我們就不可能陳述這些原理；而這些差異的性質顯然是有內容的。我們所用的形式作為一種排列組合的原則，決不是可以脫離每一內容的形式，它只不過是不依賴於這一個或那一個特殊的內容。內容的成分仍然是不可缺少的，它是一種一般的性質，能夠存在於無數的實例之中。因此，形式不再是絕對的而是相對的。

布拉德雷認為，在推理中，我們一方面有一個過程，可以存在於另一個不同的場合；另一方面又有一種具體細節出現於這個過程的基礎和結果之中，但似乎並不對推理過程的特性起什麼作用。在這個意義上，所有推理既是實質的（內容的）又是形式的，在每一情況下，我們都能把內容與形式分別開來。我們能在每一個特殊的排列中找出一個不是特殊的排列原理。一個推理只有依靠它的形式才能是有效的。在推理中，形式是主動的，內容是被動的。例如，「A在B之南，C在B之西，所以C在A之西北」，這裡面A對C的關係顯然不是由於A和C而來。這兩個東西都處在一種空間關係裡面，而對於這個空間關係它們都不起什麼特殊作用；它們的差異是處於這個論證的形式之外的。再如，「D＝E，E＝F，所以F＝D」，這裡我們所使用的字母，對它們各自排列的位置是沒有什麼重要性的。固然我們必須要有幾個詞項，否則我們就不能有任何關係，但是這些詞項的特殊性卻是不起作用的。

布拉德雷認為，尋找推理的形式和原理是很有作用的。因為揭示了這個抽象的原理，我們就能分清有關的重要東西和無關的細節。

但是,找出一個推理的形式或抽象的原理決不是要把它作為大前提,而使一切推理變成三段論式。例如,「A在B之先,B與C同時,所以C在時間上必晚於A」,這個推理本來是很顯然的。但是如果一定要使這個推理採取三段論的形式,那就不得不通過抽象,得出一種所謂形式的東西:「先於另一種事物的某種東西,亦必先於與前者同時存在的事物」或「當兩個事件同時存在時,如果有第三個事件先於第一個事件,亦必先於第二個事件」, 這便成了一個大前提。小前提是把一定的實例歸屬於已經得到的上述原理之下,實際上就是例子中兩個前提的綜合。結論就是A和C之間的關係。其實這裡的結論還是原來前提原有的結論,所謂小前提就是原來兩個前提的重述。單是小前提就已得出了這個結論,無須別的幫助。因此,我們可以斷定這個小前提現在還能繼續得出這同一的結論,而所謂大前提不過是虛晃一槍,是根本不起作用的。

布拉德雷還指出,有兩個同等的錯誤我們都需要避免。第一個錯誤就是認為我們實際的推理可以由一個一般的形式,憑演繹法來加以證明。第二個錯誤就是認為這個原理本身,只要聚積許多起作用的例子就能得到證明。這兩種看法都是不對的。普遍性並不能證明它的特殊應用,也不能被特殊應用所證明。它之所以不能證明特殊的應用,是因為它不是一種一經接受了就被相信的命題,而是一種必須加以運算之後才能看出來的函項。布拉德雷所謂「函項」是指一般形式。它不能在純粹的真空中進行運算,必須使用一些內容。因此,當我們規定這個抽象原理的時候,實際上使用了一個具體例子,雖然我們在那個例子中區別了內容和形式。這表明,歸根結底我們的標準必須是一個個別的推理運算。例如,公理「等於同一物的事物彼此相等」, 感知這個一般真理的唯一方法就是要作出一個

實驗，在其中把各詞項的相等性同其他屬性分開，辨明每一成分對於所得的結果各自有何貢獻。歸根結底，我們必須使用這個個別的檢驗。另一方面，普遍的形式也不能被特殊的應用所證明。例子的數目及其變化恰恰都是跟普遍原理本身不相干的東西。當推理運算看起來好像類似的例子、所得的結果都能與事物的本性相一致的時候，這就足以使我們推想到其中一定存在著某種有效的原理，雖然它還沒有被我們所知道。但是這個原理的證明卻只能從抽象得來；而我們應用的次數和差別只在於幫助我們達到這個抽象的目的。綜上所說，布拉德雷得出結論說：

> 一個原理決不能證明它的應用，也不能被它的應用所證明。當我們在一個個別推理行為的函項中看到這個原理，並把它看做這樣的函項，這時原理才能得到證明。一個例子的證明，首先靠著這個函項的具體實施，其次在這個實施過程中，我們還須把形式跟被動的內容加以區別，然後它才能夠顯示為一個推理的例子。❷⓿

㈡原因和因為

「原因」一詞含義很多。布拉德雷對它作了限定。所謂原因是指現象順序定律中的前件。這就是說，原因是一種不可變化的事件。假定某種事件發生在前，則必有某種其他的事件跟在後面發生。換句話說，它是一種假設的材料，從它出發可以得到一個必然的後件。接著，布拉德雷論述了以下兩個問題。

1.原因總是一個因為。我們在知覺到一個原因時，我們就一定

❷⓿ *PL*, p.531.

知覺一個定律，而有了這個定律，我們的手中馬上就有了一個普遍
聯繫。當我們斷定這裡有一個原因的時候，就是把前件看成這個定
律的一個例子，並把結果看成是一個必然的後件。而這個過程就是
推理。所謂單純的A在時間上直接在B之先，這個事實是一種普遍聯
繫，我們所以能夠知道這一聯繫，是靠一種理智抽象的過程。這個
事實本身是觀念的東西，不可能成為存在的東西。因為A不是一個
現象，B也不是，二者都是抽象物。它們的關係也不是現象的序列。
它已經通過一種精煉純化的作用，清除了所有不相干的細節，脫離
了現實事件的洪流。它是一個真理，但只是在普遍性的領域和假言
的世界之內為真。這就是說，知道一個定律就是知道通過抽象進行
推理的結果；知道一個例子就是把這一情況重新構造成為這個定律
跟一個特殊成分的綜合；知道A先於B這個所謂特殊事實，便是或者
知覺到的某種東西一部分跟A在B之前這一單純關係毫不相干，或者
實際上必定就是在某一特殊例子之中理解這個定律本身。例如，我
看見有人打一隻動物便說，這個射擊乃是動物的死因，這裡所謂原
因顯然是因為和理由。我們已經從現象的序列中分離出這個因果的
線索，現在不自覺地把這個特殊事實當作一個應用的實例。假設整
個射擊行動為A(cde)，動物應聲倒下為B(fgh)；而察覺到的聯繫將
是A-B，正因為我們知覺到這一點，我們才能夠說：有了A(cde)所
以有B(fgh)。這個推理也許並不明顯，但它是確實存在的。

因果關係不是單純的現象序列。它蘊涵著有一個原理，我們可
在各成分的連續之中感覺到，但這個原理所表示的聯繫卻不能呈現
於感覺之前。要知道因果關係，我們必須首先對各種成分作出觀念
的分離，其次在觀念上必須重新構造它們的結合，然後我們才能察
覺到其中所引起的變化。而所有這樣的知識決不能由表象得來。這

就是說，我們首先有的是各自分開的成分，然後把它們結合在一起，最後才能得出結果。不通過同一性實現觀念的綜合，我們便無從設想關於實例的定律。因此，要想經驗到一個確定的連續關係，就要分清什麼是不相關的，什麼是相關的。但這正是進行抽象，從而也就是推理。經驗到那個連續關係跟隨著一種變化而來，這就蘊涵著通過同一性進行了一種重新構造，也就進一步蘊涵著一個推理。主要之點是：把一種連續關係作為因果聯繫來認識，就是把事實視為一個呈現出來的定律。在一些事實之中看出一個定律，就是利用一個觀念的原理把這些事實結合起來，而這正是推理。換句話說，現象B是A的結果，這便意味著在A和B之間的觀念聯繫已被我們所知覺。但是根據觀念的聯繫來認識事物，就是把事實當作那個觀念聯繫的結果來認識。這必定是推理。總之，要想知覺到因果聯繫，就必須用推理；原因必定是因為。

2.是不是推理裡面的因為總是一個原因呢？顯然不能這樣說。當我們根據A=B和B=C斷定A=C的時候，我們實在很難看出A和C二者對B的共同關係能成為A等於C的原因。兩個錢幣證明具有同樣的印紋，因為它們都跟第三個錢幣是一樣的，但是這個原因卻並不存在於相互關係之中。這兩個錢幣之所以相同，其原因在於共同的鑄模。這才是真正的原因。平常所說的「為什麼」的意義是含混的，可以是探問一個事物的原因，也可以是詢問我們知識的根據。而我們的回答「因為」這兩個字也正是重複了這兩種意義，它一方面告訴我們事實的理由，另一方面也告訴了我們所以相信這個事實存在的理由。總之，我們不能假定凡是我們有了一個理由或推理中的因為的地方，這個理由便一定是後件的原因。在某些場合，無疑它可以作為原因出現，但在許多其他場合就未必如此。

(三)推理的有效性和可錯性

布拉德雷認為，推理的有效性有兩種主要意義。當我們問一個推理過程是否正確時，我們心中可以有兩個不同的問題。第一個是，我們可以問我們的推理是否嚴格符合事物的本性，我們的心靈運算是否真正代表任何一個實際的過程。這是一個比較困難的問題，布拉德雷不打算研究它。第二個問題是，不管推理是不是符合實在，而只是滿足於問所用的前提在邏輯上是否證明了結論。這是指的推理形式的有效性。布拉德雷要討論的就是這第二個問題。他指出，如果結論由我們的干涉而成，推理就不是形式有效的。這就是說，推理的有效性必須要脫離我們人為的干涉。在一個沒有省略的綜合結構中，我們避免了任意的選擇：給定A-B和B-C，由於B的共通的同一性，我們就可知覺A-B-C。這個結論完全內在於前提之中。在A-B和B-C中，B的同一性是整個結構的紐帶。如果我造成了這個同一性，那麼我也就製造了這個結論。如果把結論省略為 A-C，那麼B的省略當然決定於我的選擇。我們必須把A-B-C全部聯結起來，但是消去B決沒有強制的性質。如果假定A-C的獨立性，那麼這是一個邏輯錯誤。然而省略卻未必含有這一錯誤。省略的說法不外乎是表明A-C的斷定，要受一些沒有說明的條件的支配。給定了A，就產生了我們能知覺到A-C的一種結構，我們可以說A-C是一個間接的結論。

但是，布拉德雷認為，上述推理的有效性要依賴一個邏輯假定：知覺不改變對象。這就是說，如果邏輯的作用並不接觸內容，如果A-B 和 B-C 不受邏輯作用的影響，那麼無論把它們同時加以考察，或者先看這一個再看那一個，或者只注意它們的某一因素，都不會使真理本身發生一點差異。受到影響的是我的視覺，但對象本身的

發展卻照舊。

再如，在選言推理中，我們有一個主詞A，它有一種性質x，而x則被決定為不同的因素a, b及c中的一個。我們由a和b的否定而過渡到c的肯定。這裡，邏輯的假定是：選言推理中的主詞跟真正的、實在的主詞合而為一。依據這個假定，選言推理就是有效的，由前提到結論的形式推演就是無可非議的。但是強調完全列舉窮盡各可能性的前提卻是靠不住的。布拉德雷總結說：

> 各種論證若旨在成為一種證明，就一定要依靠某些邏輯的假定。我們必須始終假定：某些運算只改變我們對主詞感知的力量，而主詞本身並不因此有所變動。即使在我們故意地或任意地選擇這一過程並獲致一定結果的時候，以上所說的假定也是適用的。[21]

他認為，如果我們承認這些假定，那就確實有若干類型的必然推理存在；也就是說，假使承認某些前提，就可以得出某種結論來。但是，由於判斷和推理具有論證的、推斷的性質因而它們不能成為存在的摹本。推理的形式有效性並不能保證推理的過程以及結果都跟給予的實在相符合。為討論方便，布拉德雷首先從他所不贊成的常識實在觀出發，這種觀點把實在看成是事實和現象的系列，把真理看成是對實在的模寫。按照布拉德雷的看法，判斷和推理的論證性和推斷性表現在它們都必以觀念為其作用的工具。但是觀念本身並不存在，其實如果存在意味著呈現於現象系列之中，觀念也就不可能存在。觀念是一個內容，是普遍性的東西，決不是任何現象。

---

[21] *PL*, pp.570–571.

不僅在我們的腦外，就連在我們的腦中，它都不可能存在。我們頭腦裡面的意象在心理上是存在的，在頭腦之外的事實有其特殊的存在，二者都是事件。然而觀念不是發生的東西，在現象系列中是沒有它的位置的。它是一種殘缺不全的內容，本身只能作為一個形容詞。運用這些不實在的東西不可能複現大量的事件。由上所說，推理的過程決不能是真實的，其結果也決不能表現事實。在我們的推理中，我們首先有一些各自分開的成分，然後求得它們的結合，從而形成一個結論。但是現象界出現的一切成分，其中確實沒有一個是孤立存在的。它們不能各自獨存。誠然，它們可以相互分開，這樣為我們所發現，但是無一能與其他所有的存在脫離關係。它們具有一種背景，才使得它們成為實在的事件，沒有這種背景，它們就不能出現於現象系列之中；而在我們的推理即心靈實驗中，這個背景卻被我們完全剝奪了。所以，我們在觀念的綜合中所用的東西只是一種人為的配製。我們只是對內容進行運算，而不是對存在進行運算。我們在推理中的成分並非這個世界中的實有之物，只不過是形容詞而已，而這些形容詞所修飾的實詞我們也不能加以陳述。我們固然把它們當作現實的，並且把它們全部都歸之於終極的實在。但是，這種實在，如果在存在於現象系列之中的意義上來理解，便決不能保持我們的成分的存在。

恰如這些成分的分離不符合事實一樣，它們的聯合和結構也是一種虛構。我們心靈的運動是論證性的、推斷性的、符號的和抽象的。各種事實賴之以結合的原理也許與我們觀念的成分賴之者相同，可是它們結合的方式也不會一模一樣。實在同心靈的聯合之間具有極大的差別。事實的綜合一部分可能同我們的心靈結構相似；但是歸根結底是大不相同的，因為它總有很多為我們所不能表達。我們

在任何推理中都無法揭示感性背景豐富無比的細節、環繞於現實事件匯合點的特殊事物千變萬化的色彩。確實我們可以說已經掌握了本質，不過單是這樣說並不能解決問題。正因為那是本質，所以我們並沒有獲得事實的摹本。本質在事件的系列中是找不到它的地位的，它不是存在於其他事物之間的一種事物。如果實在是由發生的事實組成的鏈條，那麼本質就只不過是一種創製物，僅寄託於產生它的思想之中。它不可能是實在的，也不可能符合事實。我們的結構是虛假的，如同我們各自分開的前提一樣。

我們的結論也是一樣，它既然是由虛假產生，當然就不可能告訴我們事實的特徵。由前提和前提的聯合而得出的結論也具抽象的、符號的性質，它必然使現象殘缺不全，它不能給我們提供一連串的關係，也不能描繪感覺表象生動的千絲萬縷的關聯。如果事件是實在，那麼這種結論就完全是不實在的東西。

在以上的討論中，布拉德雷從常識實在觀出發得出了與常識實在觀不同的結論：我們的出發點、我們的推理進程以及我們所達到的臨時目的，都跟現實世界是兩回事。他進一步證明了常識實在觀的錯誤，大意如下：

即使我們邏輯運動的過程好像是在觀念上仿造現象的進程，給我們揭示出各種事件的實際變化，這看法如果可信，我們最後還是要墮入絕望的混亂之中。因為如果沒有我們的推理，我們就無從取得這一系列的現象。不僅各自分開的因果鏈索，而且就連整個現象系列的連續關係，沒有一個不是絕對地建立在觀念的重新構造之上。正是由於這個作用，唯獨這個作用，我們才能把過去和現在連成一線。只憑這一點，我們才能獲得有關各種現象變化的知識；正是由於這個創造，我們才能把握一切推理的系列，進而探求因果的線索。

但是如果實在並不是我們推理的產物，如果它存在於單純的呈現之內，那麼一連串的事件本身就不是實在的了。它們本身只是一種虛假的構造，只是心理的聯繫把它們描繪成真實的東西，使我們相信它們的存在，因此這種心理聯繫本身當然不會符合給予的實在。這就是說，如果實在就是「給予的」東西，那麼現象的系列既非給予的，當然是不實在的。因此，如果邏輯只是模寫現象系列，那就會證明我們的邏輯也是假的。

布拉德雷在這裡證明了即使推理符合常識的「實在世界」，也不能符合「給予的」實在即終結的實在。他還說明了就連辯證法也不是實在的，他指出，沒有一個過程從孤立的因素出發，並在這個基礎上發展其自身，能夠與實在相符。因為它忽略了「整體」，而離開這個「整體」，它的任何因素及其過程都是既不實在，也不正確的。

關於推理不能符合實在的問題，布拉德雷在《邏輯原理》第二版增寫的論文〈論推理〉中又作了進一步的探討。他認為，每一個推理如果名符其實的話，就不能是任意的，也不能是不實的。在它自己的世界內，只要它能保持本來的特性，它就具有真正的實在。另一方面，如果它的過程不能實現觀念的自我發展，它就不能成為推理。實際上我們所作的努力，由於各種原因，都難免有此缺憾，所以，沒有一個推理是不可錯的。他具體考察了以下三個問題：

1.每一邏輯過程從另一方面來看，便是一個心理事件，這一面始終包含在邏輯過程之中，是分不開的。所以，我們在推理時所作的一切努力，在一種意義上都要依靠一些心理條件，而這些條件又往往不能為我們所充分控制，以適應於邏輯的目的。由此必定要產生一個經常的危險。因為在這個實際過程中，可以侵入某些聯繫，

作為心理事件也許為這裡所必要，而當做邏輯的展開來看，則是毫不相干而且是虛妄的；這種聯繫的侵入，足以使推理所依存的觀念連續性受到破壞。

2.各種推理類型本身都建立在一些假定之上。這些假定都不具有絕對的真理。這就是說，它們都含有並依賴一些它們所不能包括的條件，只要包括了這些條件就使它們的性質發生變化，達到不可知的程度。因此，即使就我們的一般推理類型來說，其中每一個實現其自己的觀念和本質也仍然是不完全的。

3.我們沒有而且不可能有一個各種推理類型的匯總表，以便處處可作規範之用。就推理來說，它的過程和所得的結論，在一種意義上，無論發生於何處都具有一定的類型。但是無論在什麼地方，推理也總帶有某種不相干的東西，而這些東西越出了推理的原理之外。當我們作出一個推理的時候，固然可以把它視為某個可能的種類之一例，也就是某一類型的具體實現；但是這種類型和種類的知識，對於實際的推理來說，確實不是先決條件，而且在實際推理發生之前，這種知識也許是根本不可能的。我們決不能把各種推理形式搜羅無遺，拿來儲藏在一個保險箱中，到了需要的時候，就可隨意找出一個不可錯的公式，不管在什麼地方都能拿來規定我們的行動及其結果。

綜合以上幾點，布拉德雷強調說：

> 沒有一種推理不是可錯的。任何推理類型都不能隨時隨地規定我們個別的目的或行動，而且即使不是這樣，這些類型的應用也仍然是可錯的。因為實際的推理過程一旦離開了它被控制的本質，它就可以陷入心理的偏差。只要有某些不相干

因素的侵入，它所不可須臾缺少的同一性就會破滅。㉒

　　既然推理是可錯的，不能提供我們一塊試金石，可用以直接測試各別場合的推理，那麼邏輯還有什麼用處和目的呢？要回答這個問題，必須了解邏輯在布拉德雷哲學體系中的地位和作用。他的體系是從現象達到實在或絕對的一個體系，是作為一個系統的實在和真理的觀念，是知識的總體。這個總體我們愈益盡可能使之廣泛而融貫，則愈益可以表現實在的真正本性。基於此，布拉德雷對上述問題回答說：

　　　　邏輯直接首要的目的就是要揭示推理和判斷的一般本性和主要類型，分別說明各自所具有的性質以及特殊的優點和缺點。這裡所使用的尺度就是在已說明過的意義上完全真理的觀念。所謂真理就是被看做觀念的實在，這種實在必須意味著被視為一個可理解的體系；而每一個判斷和推理都須看成以這樣的實在為其直接的目的。各種不同的推理和判斷類型能否達到這個共同目的，其所實現的程度便決定它們在這個實在整體中的地位和等級。㉓

㉒　*PL*, p.619.

㉓　*PL*, p.620.

第三節　幾點評論

一、關於邏輯和認識論的關係

　　布拉德雷的邏輯學受黑格爾邏輯學的啟發和影響，同屬於辯證邏輯。這是一種新的哲學認識論的邏輯類型。但是，在這兩種邏輯之間存在著巨大的差異。黑格爾的邏輯學是與本體論、認識論是一致的。黑格爾根據他的客觀唯心主義的「思維和存在同一」說，在哲學史上第一個把邏輯同本體論和認識論統一了起來。邏輯與本體論一致是說，關於思維的學說同時也就是關於事物或對象的學說。邏輯中範疇發展的理論順序就是本體論中範疇發展的理論順序。黑格爾的邏輯範疇有著客觀內容；各範疇間的聯繫和轉化實際上反映了客觀事物中某些規定的性質及其相互間的聯繫與轉化。邏輯與認識論一致是說，邏輯範疇發展的順序同人的認識由淺入深、由抽象到具體的發展過程是一致的。邏輯學、本體論和認識論三者一致的原則是黑格爾辯證邏輯的根本原則。在黑格爾關於判斷和推理的分類中，不是把各種不同的判斷和推論形式列舉出來和毫無關聯地排列起來，而是以此推彼地推出這些形式，不把它們平列起來，而使它們互相隸屬，從低級形式中發展出高級形式。但是，布拉德雷的辯證邏輯與此不同，既不與本體論一致，也不與認識論一致，它只存在於認識論中的一個階段——關係階段，只屬於關係階段中的思想。布拉德雷不承認「思維和存在同一」，而認為「思想達不到實在」，從而從根本上否定了邏輯、本體論和認識論的一致。按布拉德雷的看法，邏輯是不能認識「實在」的，只是一種「現象」，邏

輯必須「自殺」才能達到「實在」。比較兩種邏輯觀，我贊成黑格爾的。黑格爾辯證邏輯貫穿著比較徹底的辯證法，而布拉德雷的邏輯學雖然應用了辯證法，可稱之為「辯證邏輯」，但是，這種應用是不徹底的，帶有很強的機械性。

二、關於判斷

㈠邏輯的基本單位

布拉德雷的邏輯不從概念或觀念開始，而從判斷開始，把判斷作為邏輯的基本單位，作為思想的單位。這種看法同傳統的邏輯和黑格爾的邏輯把概念作為邏輯基本單位的看法大相逕庭，值得肯定。這種看法符合現代邏輯的精神。現代的數理邏輯教科書第一章就是命題演算，把命題作為基本單位。

布拉德雷提出這種看法是根據他的新觀念學說。他認為，判斷是一種活動，它把一個觀念的內容指稱其本身活動以外的一個實在。觀念的內容就是邏輯觀念，也就是意義（所意謂的東西）。據此，布拉德雷認為每一個判斷只有一個觀念內容，或者說觀念的意義是一；這就是說，邏輯觀念是一個複雜的單一觀念。而判斷的邏輯主詞是「實在」，觀念的內容或邏輯觀念是用來對「實在」進行斷定的。這樣，布拉德雷就把邏輯觀念和判斷統一起來。在一個判斷只包含一個邏輯觀念這種意義上，一個邏輯觀念即是一個判斷。在邏輯觀念是一個符號或意義而不是事實、判斷是事實這種意義上，邏輯觀念與判斷又是不同的。判斷就是肯定一個觀念內容或邏輯觀念「S-P」與一種實在事物x之間有聯帶關係。

布拉德雷的「實在」是一個無矛盾的、無所不包的精神性的「絕對」，我們是不能同意的。我們應當把「實在」理解為「客觀存在

的物質世界」，　這樣，布拉德雷關於「判斷的邏輯主詞是實在」的
理論就是合理的了。這就是說，判斷是對客觀事物情況有所斷定的
思想；而布拉德雷所說的「觀念內容」則相當於我們通常所說的命
題，即一個語句的思想內容，雖然反映了客觀事物情況，但是尚未
加以主觀的斷定。

㈡判斷的形式

　　布拉德雷根據「判斷的邏輯主詞是實在」的理論，辯證地考察
了各種判斷的形式。

　　布拉德雷認為，一切判斷是直言的，同時又是假言的。抽象的
全稱判斷是假言的。否定判斷同肯定判斷是密切相關的。選言判斷
既不是完全直言的，也不是完全假言的，而是兩種成分都有，等等。
布拉德雷提出的這些辯證法思想是很深刻的，對於我們靈活地考察
各種判斷形式具有重要的指導意義。我們不應當以機械的觀點來看
待某一判斷形式，要看到各種判斷形式之間的聯繫和轉化。用布拉
德雷所舉的例子：「一切等邊三角形是等角的」，這是一個全稱判斷，
我們只是肯定了伴隨著「等邊」性質的三角形一定會有「等角」的
性質，但並沒有斷定在什麼地方和在什麼時候。這就是說，這個全
稱判斷實際上是一個假言判斷：「如果一個三角形是等邊的，那麼
它就是等角的」。

　　傳統形式邏輯的思維規律──同一律、矛盾律和排中律是用判
斷的形式表達的，布拉德雷對這三律用辯證法重新作了表述。他用
「差別中的同一」原則，對同一律的意義作了深刻的陳述，使同一
律避免了機械的「絕對同一」的解釋。他還對同一律的基礎作了合
理的說明，這就是：每一判斷如果確是真的，就一定是斷定那個終
極實在的某一性質，決不隨事件的變遷而有所改變。我們應當把這

種絕對唯心主義的語言改造成：每一判斷如果是真的，就一定是斷定某一客觀事物情況，決不隨事件的變遷而有所改變。這就是說，客觀事物雖然處在運動、變化和發展之中，但是總有它的質的相對確定性的一面，在一事物還沒有變成另一事物之前的這一段時間內，即使這一段時間只有一瞬間，它就還是這一事物，而不是別的什麼事物。例如，有一種基本粒子，叫做反西格馬負超子，它的壽命大約只有一百億分之一秒，過了這段時間後，它就變成為一個反中子和一個帶正電的 π 介子。反西格馬負超子不穩定之極，但它在一百億分之一秒內，它還總是反西格馬負超子。這就是反西格馬負超子在一定條件下的確定性。客觀事物在變化中的確定性，也是矛盾律和排中律的基礎。

布拉德雷對「矛盾律和辯證法二者擇一」的難題作了正確的解決。他認為，矛盾律只限於靜止的對立面，它只是說當發現了這樣不相容的東西的時候，我們決不可把它們聯結在一起。而辯證法所要否認的也只是固定的不相容東西之絕對的真實性。他認為，「對立面的統一」與矛盾律是相調和的。「對立面的統一」意味著對立面結合在一起，在整體的性質中，便都被克服而變成一致。

黑格爾一方面肯定形式邏輯的作用，另一方面把形式邏輯和反辯證法意義上的形而上學都看成是「知性思維」的產物，因此，他對形式邏輯的思維規律作了錯誤的批評。他認為，同一律是承認「抽象同一」，矛盾律斷言「沒有東西是矛盾的」，排中律是認為對立面「非此即彼」。在中國哲學界，有的研究辯證邏輯的學者也有類似的看法。我認為，這是完全錯誤的。在這方面，我們應當學習布拉德雷的邏輯學，學習他關於思維三律的學說，科學地肯定同一律、矛盾律和排中律，即使搞辯證法也必須遵守這三律，否則，辯證法、

辯證邏輯就會變成詭辯論。

㈢判斷的量

關於判斷的量的問題，布拉德雷提出了以下幾個新觀點：

1.觀念的內涵和外延反比定律不成立　我們知道，傳統邏輯中有一條原理，即內涵和外延有反比關係的原理。可是，在辯證邏輯中這一原理是不成立的。布拉德雷從四個方面作了論證，十分精闢。我想補充說明的是，傳統邏輯與辯證邏輯是兩種不同的邏輯類型，它們具有不同的原理，這是毫不足怪的。我們不能像布拉德雷那樣，把傳統的反比定律拋進歷史的垃圾堆，而要作出科學的解釋。傳統邏輯主要是從觀念或概念的外延方面來考察，把外延看成是由一些事物組成的類，類和類之間有包含關係；內涵則是類的特有屬性。因此，一個小類包含於大類之中，其特有屬性就比大類的特有屬性多。例如，「商品」和「勞動生產品」都是概念，「商品」的外延比「勞動生產品」的外延小，但是其外延卻多了「用來交換的」這樣一個特有屬性。但是，辯證邏輯在研究概念時並不採用這種方法，而是用運動、變化和發展的觀點來研究「具體概念」，所謂具體概念就是多樣性統一的概念。按照這種看法，「勞動生產品」不但綜合了「商品」，而且綜合了「非商品」，其所含的屬性顯然要比「商品」所含的屬性來得豐富。

2.判斷可以進行外延解釋和內涵解釋　布拉德雷用辯證的觀點指出，每一判斷都作出了一個雙重肯定，即外延的解釋和內涵的解釋。外延解釋就是斷言主詞的同一，內涵解釋就是確定不同屬性的聯繫。我們認為，布拉德雷考察判斷的方法與傳統邏輯的方法是不同的，他用的是辯證法的原理「差異中的同一」或「同一中的差異」，是應當肯定的。但是，布拉德雷以此來否定傳統邏輯對判斷作

類的解釋，我們是不能同意的。他舉出的兩個理由不能成立。第一，他認為類既不在頭腦之外存在也不在頭腦之中存在。我們認為，在客觀世界中不存在實體的「類」，但存在著類的客觀基礎。在地球上找不到實體的「人類」，但存在各種各樣的人，這就是「人類」的基礎。另一方面，「類」是一個普遍概念，是在頭腦中對客觀存在的一堆個體的反映。地球上的一切人，在人們的頭腦中就反映成為「人類」。因此，我們對作為思想形式之一的判斷作出類的解釋，這是無可厚非的。第二，布拉德雷認為，判斷的類包含解釋並沒有對整個判斷作外延解釋，還是說明一個屬性。這種說法是錯誤的。當我們用「狗類包含於哺乳動物類」來解釋「狗是哺乳動物」時，並沒有涉及布拉德雷所說的「空間關係」等屬性。說「狗類包含於哺乳動物類」就是說「對於任意的對象x，若x是狗類的元素，則x是哺乳動物類的元素」，這也就是說，狗類是哺乳動物類的子類。

3.全稱、特稱和單稱判斷之間可以轉化　前已說過，布拉德雷從辯證法的觀點看待各種判斷形式，不把它們看成僵死的，而把它們看成靈活的，可以互相轉化的。布拉德雷還從判斷的量的角度對全稱、特稱和單稱判斷之間的關係作了進一步的考察。他認為，特稱判斷與相對的全稱判斷是一樣的；絕對的全稱判斷是假言的或是直言的；所有特稱直言判斷都可化歸為抽象的或假言的全稱判斷，這些又可以化歸為直言的全稱判斷；全稱和單稱之間也可互相轉化。對布拉德雷的這些思想，我們稍加說明。通過三段論第三格：「所有M是P，有的M是S，所以，有的S是P」，我們可以看出，「有的M是S」是特稱判斷，也是相對的全稱判斷，因為這裡的「有的」意為「至少有一個，也可能全部」；「有的M是S」可以轉化成「所有M是P」，而「所有M是P」又可以轉化成「對所有x而言，如果x

是M，那麼x就是P」， 這就是說，特稱可以轉化為全稱，全稱又可以轉化為假言。此外，單稱可作全稱處理，這在三段論中已這樣做了；全稱判斷如果當成集合判斷，就是對一個集合的斷定，這就轉化成了單稱判斷。

㈣判斷的模態

1.模態判斷與假言判斷的關係　布拉德雷認為，必然判斷和可能判斷都是假言判斷。他指出，S–P是必然的，必須先假定所有使S–P成為必然的條件；S–P是可能的，就要假定在S–P成為必然的一切條件中有一部分存在。用他舉的例子來看，給予了abcd，則E必隨之而至；再加上一個假設：ab存在，則我們事實上可以有E。前者是說，E是必然的；後者是說，E是可能的。因此，這兩種判斷都是假言判斷或條件判斷。在布拉德雷關於必然和可能的論述中，有許多不確切之處，如說必然判斷留下疑問、減弱了斷定，但是，他關於「必然的東西是我們假定為一切條件的結果」、「可能的東西是我們假定為某些條件的結果」的論述，卻與萊布尼茨 (Leibniz, 1646–1716)用「可能世界」的概念解釋「必然」和「可能」的思想有一致之處。根據萊布尼茨的論述，「必然P」當且僅當P在一切可能世界都是真的；「可能P」當且僅當P在某一可能世界是真的。萊布尼茨的「可能世界」概念奠定了模態邏輯語義學的基礎。

2.邏輯模態的基礎　我們在肯定布拉德雷的模態理論具有合理內核之時，也必須指出，他提出的「模態事實上不存在」的觀點是完全錯誤的。其根本錯誤在於，他認為必然的東西和可能的東西只存在於頭腦之中，而客觀世界沒有必然性和可能性，因而邏輯模態就成了「無源之水，無本之木」。

我們認為，客觀物質世界具有必然性，也具有可能性，這就是

所謂「客觀模態」。 一切客觀規律都是客觀必然的，而不與這些規律相矛盾的東西就是客觀可能的。在客觀規律中，有的具有一般性，例如事物的「同一律」：「同一事物在同一時間、同一方面，具有某屬性，必具有某屬性」； 有的只屬於某一領域，例如牛頓力學第一定律：「凡不受外力作用的物體必然保持靜止或勻速運動狀態不變」。客觀可能性的例子有：「電子可能脫離原子核成為自由電子」，「發現外星人是可能的」。 客觀模態是邏輯模態的基礎。邏輯規律即邏輯必然的東西是對一切客觀規律進行科學抽象所產生的一般規律，適用於客觀世界的一切領域，例如形式邏輯中所說的「思維三律」：「同一律」、「矛盾律」和「排中律」。凡不與邏輯規律相矛盾的東西就是邏輯可能的。由於邏輯模態是客觀模態的科學抽象，因而它們之間既有聯繫也有差異：客觀必然的東西不一定是邏輯必然的，例如牛頓力學三大定律只是經典力學的規律，不是邏輯必然的；邏輯可能的東西不一定是客觀可能的，例如，「人有三頭六臂」是邏輯可能的，但不是客觀可能的；邏輯不可能的東西，也一定是客觀不可能的，例如邏輯矛盾是邏輯不可能的，也是客觀不可能的；客觀不可能的東西不一定是邏輯不可能的，例如「人有三頭六臂」就是如此。布拉德雷不懂得客觀模態和邏輯模態的辯證關係，根本否定客觀模態的存在，這是錯誤的。與此錯誤相關，布拉德雷還否定假言判斷的客觀基礎。他的思路是，模態判斷等同於假言判斷，而假言判斷沒有斷定前後件是事實，也沒有斷定前後件的聯繫是事實，只是斷定了前後件之間的聯繫，這是一種邏輯必然性，只存在於頭腦之中，因此，客觀必然性是不存在的。布拉德雷的這種看法當然也是錯誤的。我們用他的例子來說明。在假言判斷「如果二為三，那麼四必為六」中，我們同意布拉德雷的說法：這個判斷沒有

斷定「二為三」，也沒有斷定「四為六」，它們都不是事實，前後件之間的邏輯必然聯繫也不能說是事實；但是我們不能同意布拉德雷所說的「如果二為三，那麼四必為六」沒有客觀基礎，「必然性事實上不存在」。 我認為，這個假言判斷就是具有邏輯必然性的數學規律「如果 a=b，那麼ac=bc」的特例。這一數學規律不但是邏輯必然的，而且是客觀必然的。「二為三」和「四為六」不是事實，這並不妨礙假言判斷所斷定的它們之間的聯繫也具有客觀必然性，在「二為三」的假定下，一定得到「四為六」，這是不依人的意志為轉移的。

布拉德雷還舉了另一個例子：「被控告的人可能有罪或者可能無罪」， 說明由於選言判斷不表述事實，因而可能性只存在於頭腦中，事實上是不存在的。這裡的錯誤十分顯然。當我們斷定了「被控告的人可能有罪」，就表明他不可能無罪。在經過調查核實之後，此人有罪的可能性就轉化為現實性。「被控告的人可能有罪」具有客觀可能性（也具有邏輯可能性）。 由此可見，從選言判斷不表述事實，推不出「可能性只存在於頭腦中」。客觀可能性是不容否認的。

布拉德雷在否定了客觀的模態之後，從絕對唯心主義出發，認為模態判斷暗含著關於「實在」的斷定，這就是模態判斷的「真實基礎」。把無矛盾的、靜止不動的、無所不包的、精神性的「實在」說成是模態判斷的「基礎」，這是絕對唯心主義的虛構，這樣的「基礎」在客觀世界不過是海市蜃樓而已。布拉德雷對「S-P是必然的」和「S-P 是可能的」所做的解釋，實際上是在邏輯範圍內所做的語義解釋，在此解釋下，模態判斷為真。布拉德雷認為，這種解釋就是關於「實在」的斷定，這當然是錯誤的。

三、關於推理

(一)推理的本性

　　布拉德雷應用辯證法的觀點，對判斷和推理之間的關係作了科學的考察。他認為，一個推理就是一個通過中介和自我中介的判斷；每一個判斷都蘊涵著一個推理。這在哲學史上可以說是第一次辯證地處理了推理和判斷之間的關係，打破了機械地分割推理和判斷的錯誤做法。

　　關於推理的本性，布拉德雷也應用辯證法的觀點對之進行分析。他先後提出了以下觀點：(1)推理是一個過程，又是一個結果。根據這種分析，推理有一系列原理，而三段論只是其中一種推理形式。布拉德雷所提出的各種推理形式大大豐富了推理的理論，突破了傳統邏輯圍於三段論的局限性。(2)布拉德雷精闢地提出「推理是一種運算」的思想。根據這種分析，推理就包含著更為多種多樣的形式。(3)他進一步提出「推理是一個過程，是一個對象之觀念的自我發展」。他根據這種分析，對推理本性所作出的六點刻畫是很深刻的，對推理的種類、缺陷及其實在性的闡述是十分精到的，可以說，他把握住了辯證推理的本性。布拉德雷的這些論述是當代研究辯證邏輯的學者值得加以繼承的一份寶貴遺產。這裡我們只想提出一點。布拉德雷認為，每一種推理在原則上都是有缺陷的；同時，邏輯是抽象的。但是，他認為由此不能得出「推理不實在」的結論。他的理由是：(1)推理是觀念的自我發展，以某些整體為基礎，而這些整體是實在的。(2)推理雖然不能達到終極的「實在」，屬於現象，但是它們是相對實在的，是表露絕對整體的特殊方式。由上可見，布拉德雷對於推理本性的分析充滿著辯證法，處處反對片面性和機

械性。

㈡幾種不同的推理學說

1.觀念的聯想論 布拉德雷對「觀念的聯想論」進行了「釜底抽薪」的批判，駁倒了這一理論的基礎——接近律和相似律，而以「復原律」取而代之。復原律給推理提供了兩個不可缺少的因素——同一性和普遍性，從而使推理建立在堅實的基礎之上，使邏輯從心理主義的影響下徹底解放出來。在邏輯史上，首先向心理主義的邏輯發起攻擊的是現代數理邏輯的奠基者弗雷格(Frege, 1848–1925)，布拉德雷獨立於弗雷格給心理主義邏輯以毀滅性的打擊，這一功績在邏輯史上將永放光芒！

2.從特殊到特殊的推理 布拉德雷精闢地指出，這種推理實際上是沒有的，在此基礎上對類比推理的本質作了深刻的剖析。他認為，類比推理是從相似性即同一性出發進行推理，這就要捨棄一些差異而剩下普遍性，即幾個特殊物所包含的相同東西。因此，類比推理實際上並不是由特殊到特殊，而是由普遍到特殊。布拉德雷關於類比推理的分析來自黑格爾，黑格爾認為類比推理的形式是「特殊——普遍——個別」或「個別——普遍——特殊」，普遍是中項。我認為，布拉德雷和黑格爾把通常所說的「由特殊到特殊」的類比推理的本質清楚地揭示出來，這在邏輯史上還沒有他人做過。我們應當根據黑格爾和布拉德雷的論述來修改現在邏輯教科書上關於類比推理的錯誤說明。

3.彌爾的歸納方法 布拉德雷對彌爾歸納方法的批評有一定道理，但全盤否定卻是錯誤的。在科學史上，海王星的發現，以及一些元素的發現，都使用了剩餘法。差異法在科學中發展為「對照組」方法。在科學實驗中，常把所研究的現象分為兩組：在第一組

中加入一個新的條件，然後觀察它產生什麼結果；在第二組中則不加入這一條件，而用它作為對照（稱為「對照組」）。根據差異法即可得到結論。此外，在科學實驗中還經常使用一種「比較實驗法」，它的模式是：

$$
\begin{array}{ll}
\text{措 施} & \text{結 果} \\
A_1 \text{———} & a_1 \\
A_2 \text{———} & a_2 \\
A_3 \text{———} & a_3 \\
& a_1 優於 a_2 \\
& a_2 優於 a_3
\end{array}
$$

所以，A_1 是最優措施。

例如，在工業中比較幾種過程（新過程與舊過程，一種新過程與另一種新過程）之間的優劣；或者是在過程中某一設備或操作方法上作了改革，要比較改革前後的優劣；或者是比較幾種不同設備在性能和效率上的優劣；等等。在農業中比較幾個品種的優劣，比較幾種施肥法的優劣，比較幾種田間管理方法的優劣，等等。

我認為，比較實驗法是差異法和共變法的聯合推廣。一方面，比較實驗法同差異法和共變法不同。差異法是把有某一條件與沒有此條件加以比較，這是有與無的比較。而比較實驗法是比較兩種不同的措施，這不是有與無的比較。共變法是在一個特定限度內，通過考察兩個現象的幾種不同狀態之間的共變關係來確定它們的因果聯繫，而比較實驗法不受這個特定限度的限制，恰恰相反，它要突破這個限度，來比較幾種不同措施產生的不同結果。此外，比較實驗法的重點不在於尋求兩個現象之間的因果聯繫，而是在幾種不同

措施產生出幾種不同結果的情況下，通過比較結果的優劣，找出最優的措施。另一方面，在比較實驗法中，既吸收了差異法，又吸收了共變法；即把差異法中的有與無的比較改為不同措施的比較，又把共變法中兩個現象在一個特定限度內幾種不同狀態之間的共變關係，改為幾種措施與結果之間的關係。由上所說，比較實驗法是對差異法和共變法綜合應用的一種推廣方法。

總而言之，彌爾五法在科學史上的作用是巨大的，它們的功績是不能抹煞的。

現在我們回過頭來再看看布拉德雷對彌爾五法的批評。他從他所說的前兩個缺點（即預先假定一些普遍原理和其過程是消去法）認為，彌爾五法不是歸納法。這種看法是不正確的，這兩個缺點並不妨礙彌爾五法本身的結論超出前提的範圍；這就是說，彌爾五法的前提是一些不同的場合，這些場合是有限的，但其結論並不是就前提中的場合而言的，而是一個超出其諸場合的普遍命題。再者，「消去法」同「歸納法」決不是對立的，恰恰相反，彌爾五法就是消去的歸納法。至於布拉德雷指出的第三個缺點（常得錯誤結論），這也不能妨礙彌爾五法在邏輯史和科學史上的地位。在科學上，通過彌爾五法得到的結論常常作為假說而提出，然後對假說進行科學實驗或實踐活動的檢驗，有的假說成為科學真理，有的假說成為謬誤而被拋棄。這反而推動了科學的發展。我認為彌爾五法常出錯的缺點並不可怕，在一定的條件下，這種缺點能得到克服。

4.耶方斯的等式邏輯　布拉德雷根據辯證法對耶方斯的「等式」、「代入」作了分析，這種分析同等式邏輯是相容的。布拉德雷認為不相容，這是錯誤的。第一，布拉德雷認為「每個判斷都是差異與同一的結合」，這是正確的。但是，耶方斯從「同一」的角度，

也就是用外延的觀點來考察等式，這是一種科學抽象，並沒有否定差異性。例如，耶方斯用「Aa=0」表示矛盾律，其中的「A」代表一個類，「a」代表A的「補類」即「非A」類，「0」代表「空類」，公式是說：A 類和它的補類的「交類」等於空類，這就是說，在類的演算中不許有矛盾。布拉德雷不懂得判斷可以從外延觀點即同一性的觀點加以研究，因而對耶方斯的等式邏輯作了錯誤的批評。第二，布拉德雷對推理過程的代入進行了辯證的分析，我們是同意的。但由此並不能否定從外延觀點對等量進行代入。第三，布拉德雷認為「選言推理否定肯定式」是顯然的，不能像耶方斯那樣用類的代入法來進行證明。這種觀點當然不能成立。布拉德雷對「選言推理否定肯定式」的說明：「找出所有的可能性，然後逐步把所有其餘的都排除掉，只留下一個可能性」，只是一種直觀的解釋，並不能保證這一推理形式的有效性。耶方斯在等式邏輯中對它作了嚴格證明，使這一推理形式有了科學的基礎，這決不是像布拉德雷所說的「沒有什麼好處」，恰恰相反，好處極大。

㈢推理的幾個理論問題

1.推理的形式和內容之間的關係　布拉德雷對於推理的形式和內容之間的關係進行了辯證的、全面的分析。他認為，推理的形式是從有內容的推理中抽象出來的，他堅決反對有「赤裸裸的形式」，而主張「相對的形式」。例如，「A=B，C=B，所以A=C」，這是一個推理形式，按布拉德雷的看法，這一形式不依賴於這一個或那一個特殊的內容，如「$2^3=8$，$4\times2=8$，所以$2^3=4\times2$」、「$3^3=27$，$3^2\times3=27$，所以$3^3=3^2\times3$」，但是，它仍然具有一般的內容，這就是：A、B和C三個詞項是有差異的，當A和C都等於B時，A和C就相等；這裡，A、B和C三個不同的字母也可換成別的三個不同的字母D、

E和F，推理形式就變成：「D=E，F=E，所以D=F」。這兩個推理形式實質上是同一個推理形式，因為它們都包含同樣的一般內容。布拉德雷進一步提出「在推理中，形式是主動的，內容是被動的」、「一個推理只有依靠它的形式才能是有效的」，這種論斷是十分獨到的，完全符合現代邏輯的精神。他還提出：推理形式是多種多樣的，決不能把一切推理形式化歸為三段論式；再一次證明了把一切推理圍於傳統邏輯的三段論是完全錯誤的。

布拉德雷依據形式和內容之間的辯證關係，指出「普遍性不能證明它的特殊應用，也不能被特殊應用所證明」。他認為，一個推理形式並不是由具體推理的數目來證明的，而是要通過抽象，由具體的個別推理抽象出一般形式，這才能證明這個推理形式的有效性。另一方面，一個推理形式是一個「函項」，必須進行個別的推理運算，因此在規定這個推理形式時，實際上使用了一個具體推理，因此，布拉德雷認為一個具體推理並不是由一個推理形式來證明的，而是要在對推理形式進行具體運算的過程中把主動的形式和被動的內容加以區別來證明的。

綜上所說，布拉德雷關於推理形式和推理內容之間關係的論述是十分深刻的，是我們正確地認識推理形式本質的一個指南針。

2.推理的有效性和可錯性　推理的有效性指的是推理形式的有效性。布拉德雷在這個問題上提出了以下新觀點：a)推理形式的有效性要依賴某個或某些邏輯假定。這種看法是很有價值的，給我們嚴格地分析推理形式提供了有力的工具。用布拉德雷的例子來說，「A–B，B–C，所以，A–C」這個推理形式的有效性要依賴「知覺不改變對象」的假定，揭示出這個假定就使我們對上述推理形式的分析更加嚴格了。b)推理形式的有效性不能保證推理的過程以及結

果都跟給予的實在相符合。對這一論點，布拉德雷從絕對唯心主義觀點出發，對常識實在觀進行了批判，從而得到與常識實在觀不同的結論。我們不同意他的論證，但認為他的論點具有「合理內核」，我們把它改造為：「一個推理形式的有效性不能保證其相應的具體推理的內容真實性」，所謂推理內容的真實性是指前提和結論的真假。演繹推理前提、結論的真假與形式是否有效之間有以下七種情形（為簡單起見，假設只有一個前提）：

	前提	形式	結論
1.	真	有效	真
2.	真	非有效	真
3.	真	非有效	假
4.	假	有效	真
5.	假	有效	假
6.	假	非有效	真
7.	假	非有效	假

例如，「所有S是P，所以，有P是S」是一個有效的推理形式，而應用此形式的一個推理：「所有植物是動物，所以，有動物是植物」，其前提和結論都是假的，這是表上的第五種情形。以上七種情形是對推理內容和形式之間的辯證關係的概括，說明推理形式具有相對的獨立性。正是這種相對獨立性才使得推理形式的有效性不能保證其前提和結論的真實性。

　　同以上論點有關，布拉德雷提出了「推理是可錯的」這個著名論點，為此他提出了三點論據：a) 不能充分控制實際的推理過程；b) 各推理類型所依賴的假定不是絕對真理；c) 不能把各種推理形式搜羅無遺，我以為還應加上他曾提出過、我們重新表述過的一條原理：一個推理形式的有效性不能保證相應的具體推理的內容真實性，這樣，由上述四條論據就足以推出「所有推理都是可錯的」這個結論。

　　「推理的可錯性」原則原是布拉德雷用以論證「邏輯不能達到實在」的一個有力工具。我認為，把這一原則當成這樣的工具是不足為訓的，違背了這一原則的真義。其實，這一原則充滿著辯證性，摧毀了真理論中的絕對主義，堅決反對認識的僵化，因此，它具有重要的認識論意義。

　　3.原因和因為的關係　推理形式通常表述為：「(因為) p，所以，q」。現在我們要問：「因為」是不是與「原因」等同？布拉德雷的回答是：原因總是一個因為，而因為並不總是一個原因。這就澄清了長期以來在這個問題上的混亂看法。他在論證「原因總是一個因為」時實際上提出了兩個有聯繫的觀點：a)「已知A–B具有因果關係，有A，所以，有B」，這是一個推理。這實際上就是假言推理肯定式：「如果p那麼q，p，所以，q」。根據布拉德雷的說法，我們可以把從因果判斷前件到後件的推理化歸為假言推理肯定式。b) 要確定A–B具有因果關係，必須首先對各成分作出觀念的分離，其次在觀念上必須通過同一性實現觀念的綜合，最後才能得結果。這也是一個推理過程。

　　此外，我們從布拉德雷的「因為並不總是一個原因」的論述中可得如下結論：「因為A，所以B」不等同於「A是B的原因」。我們

第四章　倫理學

　　布拉德雷的認識論不僅包括邏輯學，而且包括倫理學。在絕對
唯心主義的認識論中，倫理學屬於關係經驗的實踐方面即意志，是
意志的展開，是達到實在和絕對經驗的一條通道，是「關係之路」
中的一條重要的道路。本章我們對布拉德雷的倫理學進行述評。他
的《倫理研究》一書，一部分是批判性的，另外的部分是他的倫理
學主張。我們先從他的主張開始論述。

第一節　自我實現說

一、自我實現是道德的目的

　　布拉德雷倫理學的核心是自我實現說。他認為，道德應當以本
身為目的，而不能有本身以外的目的。所以，如果有人問：「我何
故應當有道德?」那就是問其所不當問的問題，也就是不把道德當
目的，而把道德當手段的問題。對道德而詢問「何故?」簡直就是
不道德。享樂論的錯誤可以說就是不把道德當目的，而視道德為實
現另一目的即快樂之手段的錯誤。這和我們道德意識的呼聲是直接
相反的。因此「我何故應當有道德」的問題，是沒有意義的。我們

只能問：「是否道德本身為一目的？如果是，則如何是一目的？」道德只能蘊涵其本身為目的。我們只能承認為著善之本身而做善事是道德，否則決不能認為是道德。假如要問：「善有什麼用處？」我們只能回答：「我們不知道，我們也不關注。」我們所能問的是，道德既以本身為目的，則此目的是怎樣的一個目的？或在哪種狀態下，道德才以本身為目的？布拉德雷的回答是：自我實現。但怎樣去證明「自我實現」是這目的呢？布拉德雷認為，這僅有一種方法可以證明它。那就是要知道，當我們說「自我」、「實在」、「實現」、「目的」等字時，我們的意思是指什麼；而要知道這些，就要有一種類似的形而上學系統。若要說出它，就要展現這系統。與其說我們沒有篇幅來發揮我們的見解，不如坦率承認，我們實沒有這種見解來發揮，所以我們不能證明我們的主張。我們所能做的，只是部分地把這主張加以解釋，並盡力使這主張成為可信的。以下我們介紹布拉德雷的解釋。

　　道德蘊涵本身為一目的，我們認為這是當然的。有事情是要做的，有善是要實現的。但這結果，單獨地說來還不是道德。道德不能使行為成為純粹達到結果的一個手段。可是手段是有的。那裡不僅有事情要做，而且要被我所做。我必須做這事情，必須實現這個目的。道德既蘊涵有事情要做，也蘊涵要被我所做。如果你認為這兩事為目的和手段，則你就不能把這目的和手段分離。行為對於我就是我的行為，而在行為之外也無目的。這就是說，道德的目的蘊涵行為，而行為則蘊涵自我實現。我們實際所做的東西，不論完全與否，就是去實現我們自己，此外不能做何事。而我們所能實現的一切，除偶然事件外，就是我們的目的，或我們欲求的對象；而我們所能欲求的就是自我。但何以我們只能欲求自我呢？這是由欲求

的本性所決定的。欲求的對象必與自我有關係，即與自我是同一的，換句話說，欲求的對象就是我自己。我們所以欲求一個對象，一方面是我們覺得肯定了一個不是我們自身的某物之觀念，另一方面是我們覺得如果缺少了這一個某物，我們就會產生空虛與被否定之感。由於這兩種情感間的緊密關係，因而產生我們的欲求，促起我們的行動。這就是說，這欲求的對象，雖不是我自己的，而我又不能不認為是我自己的。不被認為是我自己的或與自我同一的，就不是我所欲求的。我所欲求的，必然是在某一形式上的我自己，或某一狀態中的我自己。我只能欲求與我們自己同一的事物，除了以我們自己在其中為目標，我們就不能以何物為目標。

　　布拉德雷認為，所要實現的既不是我的某一個特殊狀態或其狀態的總和，也不是一個孤立的自我，而是一個整體。如果我們詢問我們自己：什麼是我們所最願望的東西？我們可以找到某個一般的願望，而這願望是包括並蘊涵我們的特殊願望。如果我們轉向實際生活，我們就見到沒有一個具有毫無聯繫的特殊目的；他的眼光是超出當前的，是超出這一或那一環境或地位；他的目的是從屬於較廣的目的之下的；每一情境被視為較大的情境之一部；而在這一或那一行為中，他追求並實現較大的整體，這較大的整體在任一特殊行為本身之中並不是實在的，然而卻實現於這一組行為之中。如果考察平常人的生活以及表現於他行為中的所有目的，那麼這些目的就會被包含於一個主要目的或目的之整體中。他的完全幸福或理想生活之觀念並不是散漫而無聯繫的，而是安置於心靈之前的一個統一體，並且是一個系統，在這個系統中，各特殊物促成了一個整體。所以我們要實現的決不是自我的特殊狀態或其總和。布拉德雷說：

> 我們目的之所在是自我,是作為一整體的自我;換言之,這
> 整體的自我歸根結底就是我們意志的內容。❶

從形式方面來考察意志,也可以發現:意志總是高於當前的被
意志者,這在選擇中表現得更明顯。這意志本身,離開任何特殊對
象或內容來看,也是同樣的一個整體,形式和內容不可分離。但是,
布拉德雷所說的意志是一個普遍的意志。而這個普遍意志不是純粹
的普遍,不是沒有雜多的普遍,而是一個具體的普遍,也就是一個
同中有異、異中有同的普遍。因此,作為一整體的自我就是具體普
遍意志的內容,而自我實現的意思就不止是對這整體自我的單純肯
定。布拉德雷說:

> 我們的真正的存在不是極端的統一,也不是極端的殊異,而
> 是統一和殊異二者的完全同一。而這「實現你自己」之意,
> 也不僅是「成一整體」之意,而是「成一無限的整體」之意。❷

這樣,自我實現通過具體的普遍意志而要實現一無限的整體。
那麼,什麼是無限的意思呢?布拉德雷批評了關於無限的兩種誤解:
(1)認為無限是「非有限」, 這就是「無終點」的意思。此種無限如
為真實的存在,則必有終點;有終點,則仍是有限。不論如何把這
終點延長,但延長的結果如為真實的,仍必有一新終點,這仍是有
限而已。(2)認為無限不是有限,而這已不再有量之更多的意思, 卻

---

❶ Bradley, F. H.: *Ethical Studies*, Oxford University Press, 1952, p.71. 以
下此書縮寫為*ES*。

❷ *ES*, p.74.

是另一種意思，即是性質之不同的意思。這無限不在有限事物的世界中，而是存在於自己獨有的範圍內。例如，心靈是在各種狀態的總合之旁的某物，上帝是在事物世界之旁的某物。這種無限是和有限對立的，是在有限之旁的，是在有限之外的；因此，其自身也是有限，因其為另一物所限制。以上兩種無限都不是無限的真義。布拉德雷所說的真正無限是：

> 這無限確把有限否定，以使有限消失，然而否定的方式不是拿一個否定和有限對抗，而是把有限置於較高的統一體中，使有限成為這統一體的一個成分，從而有限失去其原有的性質，這樣，有限是同時被制止，又被保存。因此，無限是「有限和無限的統一」。❸

　　這種無限是一個整體，而這個無限的整體是在關係之上的，是絕對的實在。有限是和另一物有關係，無限卻是自己對自己的關係。心靈之為無限，就是這種無限。這種無限最簡單的符號就是圓形，而圓形的線是復歸於自身的；它不是直線之不斷的延長。發現這種無限最方便的方法就是去考察欲求的滿足。在欲求的滿足中，我們有自我及其對立面，並由對立面歸來，發覺在它物中所有的只是自我，而非何物。總之，我們所要實現的，乃是一個無限的整體。自我不會在整體中消失，然而自我卻不能離開整體而實現，這整體也不能離開個別的自我而存在。在整體中，個別的自我可以區別，但不能加以分割。但是，作為自我雖要實現自身為一無限的整體，卻並不等於那無限的整體。布拉德雷認為，我是有限的，同時我也是

---

❸ *ES*, p.77.

無限的和有限的，這是我的道德生活所以永在進步中的理由。我必須前進，因為我尚有一個他者，這個他者將可成為我自己，而卻永不完全是我自己；所以，我是處於矛盾的狀態中的。由於這種矛盾的推動，自我作出種種努力，克服「私我」，力求達到「真自我」。其途徑就是「加入一個整體」。布拉德雷說：

> 困難之點在於：已被限制，則非一整體，我怎樣去擴展自己，以成為一整體呢？我們的回答是，成為整體中的一分子。這裡，你的私我，你的有限性，已不復存在，而已成為一個有機體的機能。你必須成為整體中的一分子，而不是單純的一小塊，這樣，你又必須知道自己和運用自己的意志。❹

二、論我的崗位及其義務

布拉德雷從「自我實現」說出發，進一步提出了著名的「我的崗位及其義務」的學說。他指出，我們已經以自我實現為目的，而自我既不是一束特殊的情感，也不是一個抽象的普遍。這自我是要被實現為：不僅是或此或彼的自我，而且是要被實現為意志。這意志也不僅是自然的意志，不僅是在此處或彼處碰巧存在而自行發現的意志，而是作為善良意志的意志，也就是實現一個目的的意志。而這目的則是在此人或他人之上的，比他們為優越，且能以法律或「應該」的形式而面對著他們的。其次，這一優越的某物對於個人是一種可能的法律或應該，而其存在則是不依賴個人的選擇或意見的，也就是「客觀的」。總之，道德的目的是要實現比我們自己為

---

❹ *ES*, p.79.

優越的善良意志，而且這目的是自我實現。把這兩點合起來，我們即見到，這目的是實現我們自己成為在我們自己之上的意志。而這意志必須是「客觀的」，就是說它不依賴「主觀的」好惡；它也必須是「普遍的」，就是說它是不和任何特殊同一的，而是在一切現實的和可能的特殊之上的。並且，這意志雖是普遍的，但卻不是抽象的，因為應當實現就是它的本質，也因為除在特殊中，及經由特殊，這意志便沒有真正的存在。如果這種善良意志不是現存的有限人類之意志，則不管它可以是什麼，對於道德，這是毫無意義的。這善良意志乃是具體的普遍，因為它不僅是在它的特殊細節之上，而且是遍布於這些細節之內的，只有這些細節存在，然後它才存在。這種意志是一個道德的有機體。它是意識的自我實現，因為只有通過它的自我意識的成員之意志，這道德有機體才能獲得它自身的實在。它是整體的自我實現，因為它就是生活並行動於每個人的生命及行動中的同一意志。這是每一成員的自我實現，因為每一成員如果離開它所隸屬的整體，則不能找到使他成為他自己的機能。每一成員要成為他自己，他就必須超出他自己。每一成員要過他自己的生活，他就必須過一種不是光為他自己的生活，不過，這種不是光為他自己的生活卻仍然更著重地是他自己的個性。當我們找到了我們的崗位及其義務時，找到了我們在這社會有機體中做一個機件的職務時，我們即找到了我們自己。布拉德雷所說的「具體的」和「普遍的」「善良意志」、「具體普遍」、「道德有機體」、「社會有機體」主要指國家。所謂「我的崗位及其義務」就是個人在國家中的崗位及其義務。布拉德雷在從總的方面作了說明後，接著又具體地詳加論述。

對於「個人主義者」所謂諸自我為「個體」，為排斥其他自我

的「個體」的主張，布拉德雷堅決予以否定。他指出，在抽象理論
之外，根本沒有這樣的個人；事實上，我們所謂個人其所以為個人
者，乃是因為社團的緣故，所以那些社團不是單純的名稱，而是實
在的事物，並能看成只是「多中的一」。他以一個英國人為例說明
這個問題。這英國人，如離開他和他人相共的，離開他和他人相同
的，則他就不是一個英國人，也決不是一個人。如果你視他為一個
孤立的某物，則他就不是他之為他。這裡的意思是說，他之所以為
他，他是一個生下來及受教育的社會動物，是一個個體的社會有機
體之一分子；如果你把這些和他人相同的成分加以抽象，那麼你所
剩下來的就不是一個英國人，也不是一個人，而是一個我不知為何
物的剩餘物。這剩餘物是永不曾獨自存在的，也不是這樣存在的。
如果我們設想他生長於其中之一切人世關係從未存在，那麼我們就
是設想他之為他的本性沒有存在；如果我們把這些關係除去，我們
就把他本身也除去了。因而，他現在便不是一位可以不需要他所處
的關係範圍的個體，實際上他是包含這些關係於本身之中，而視這
些關係屬於他的存在本身。簡單說來，他之所以為他，即在於他也
是他人之所以為他人，也就是說，他與他人有共同的關係。「個體」
離開了社團，便是一個抽象。「個體」不是任何實在的事物，因此，
不管我們怎樣想實現它，它也不是任何我們所能實現的東西。我之
所以是我自己，乃是因為我和他人共同分有了社會國家的諸關係，
並把這些關係包含於我的本質之中。如果我想實現我的真正的存在，
我就必須超出我的純粹或此或彼的存在，去實現某種東西；因為在
我的真正存在中，具有一種生命，而這種生命卻不是任何特殊的生
命，而是普遍的生命。我要去實現的東西是在「我的崗位及其義務」
之中。一個人決不是孤立的。他是某一民族中之一人，他是生長於

某一家庭中的，他是居住於某一社會中、某一國家中的。他所當做的事，依賴他的位置和職能，而這一切則從他在有機體中的地位而來。

以上布拉德雷通過對個人主義的否定，從認為社會生活為根本的主張，而達到「有機體」及個人在其中的地位。這裡，布拉德雷談到的「有機體」和個人的關係涉及到家庭、社會的位置和特殊職業、國家、更廣大的社會。布拉德雷的主要目的是想要過渡到國家及個人在作為社會有機體的國家中的職能。撇開更廣的社會不談，一個人的生活及其道德的義務，主要為他在諸整體的系統即國家中的崗位所充滿。這國家，一部分由於它的法律和制度，更主要是由於它的精神，給予他生活和應該生活的生命。這些客觀的制度，其存在是一種明顯的事實；而這些制度之為有機的及道德的，也是日見明顯的事實。例如，似乎出諸個人的婚姻，當一人排斥他人時，也即是放棄他自己了；他是把他自己置諸一個統一體之下的，這統一體是比特殊的個人並且比屬於其單個存在的一時衝動為優越的，這統一體之充分地造成他，有如他之造成這統一體一樣。布拉德雷說：

> 人是社會的動物；他之所以是實的，僅因為他是社會的，他之所以能實現他自己，僅因為他是社會的而實現他自己。單純的個體是一個理論的幻念；企圖在實踐中而實現這單純個體，那無異是人類本性的飢餓和殘缺，不是一無所獲，就是產生怪物而已。❺

---

❺　*ES*, p.174.

「我的崗位及其義務」之說有哪些優點呢？布拉德雷提出了以下三點：

1.在這一學說中，普遍是具體的，卻又不是隨意給予的。這普遍之所以不是隨意給予的，是因為在某些範圍內，我雖可以依據我之所好而選擇我的崗位，但我和其他每一人都一樣必須有帶有許多義務的某一崗位，而這些義務卻不依賴我們的意見或愛好。在我的崗位上，我的特殊義務是規定給我的；不管我想要不想要，我都得有這些義務。「我的崗位及其義務」之說所謂普遍為什麼是具體的呢？這要被實現的普遍不是一個抽象，而是一個有機的整體；這是一個系統，在其中，有許多範圍隸屬於一個範圍之下，而特殊的行動則隸屬於這些範圍之下。這個系統在其機能的細節之中而不是在其外有其實在性，它生活於它的生動過程之中，而不是離開這些過程。這有機體的諸器官總是為著整體而工作，而整體則工作於這些器官之中。我是這些器官之一而已。我要實現的普遍乃是深入於一切生命之特殊中並把它們安置於其下的系統。在我的生命中，此時此地，在或此或彼的事例中，有其或此或彼的職務。經由我的意志而執行這些職務時，這普遍即實現其自身為一個整體，而自我亦得實現於其中。

按布拉德雷的說法，普遍是具體的，就是說普遍不離特殊，特殊不離普遍。普遍即在萬事萬物之中，不是離開萬事萬物另有所謂普遍。同時，萬事萬物也不是離開普遍而有其生命的。萬事萬物即生活於普遍中，是普遍的器官，為普遍而工作。

2.普遍是客觀的。所謂客觀就是不與外在世界對立，像單純的「主體」和單純的「客體」相對那樣。在此意義上，普遍既不是單純「客觀的」，也不是單純「主觀的」，而是主體和客體間的真正同

一。這主體和客體間的真正同一是能滿足我們欲求的唯一東西。

　　道德世界是一個整體，它有兩個方面。外部方面就是由家庭到民族間的那些系統和組織，這可稱之為道德世界的軀體。這軀體也必有一個靈魂，否則它就會分裂。在道德有機體中，這種靈魂或精神即存於它的器官的意志之中，而被視為整體的意志。這意志在這些器官中並由於這些器官，把有機體實現出來，而使之有生命。這意志也必須在每一器官中被感覺或被知道為它自己內部的和個人的意志。一個民族沒有公共精神是不會強盛的，但除非這民族內的分子都有公共精神，則這民族就不會有公共精神。這就是說，除非這道德世界被意志控制，你就不能有這道德世界；而這道德世界要被意志控制，就必須被人們的意志控制。這些人不僅有道德世界作為他們的意志內容，而且也必須以某種方式自行覺知以這內容為意志的對象。這種內心的自覺以意志力控制善良意志，屬於道德整體的內部，這可稱之為道德世界的靈魂。這是個人道德的範圍，或是較為狹義的道德，也就是意識到我的私我對內部呈現的普遍意志之關係的道德，或是我自己覺察到並意志到與這普遍意志為一時，因而是盡職，而違反這普遍意志時便是不道德。總之，道德世界必有上述的兩方面，而任何一方面都不能離開另一方面而獨在。布拉德雷說：

　　　　道德的組織，沒有個人道德，是死的空殼；而個人道德，若離開道德的組織，也是一種非實在的東西，一種無軀體的靈魂。❻

---

❻ *ES*, p.178.

　　由上所說，布拉德雷認為，道德不是純主觀的，也不是純客觀的，即不是純粹個人的，也不是純粹組織的。道德是主體和客體的真正同一，其表現就是道德世界的外部方面和內部方面的統一，也就是道德組織和個人道德的統一。如果在道德整體的內部，這普遍因素充滿著一種內容，而這內容卻不是客觀意志的細節之自行特殊化於如此這般的機能中，那麼，那裡就不會有主體和客體之間的真正同一。客觀的有機體，即系統化的道德世界，乃是道德意志的實在；我在內部的義務是和在外部的適當機能相應的。道德整體就是這兩方面的同一。

　　3.普遍除去了義務和「經驗的」自我之間的矛盾。這普遍在它的實現中，並沒有把我永遠拋棄在外，而不把我實現。按「我的崗位及其義務」的學說，我是在道德上實現我自己，所以不僅在世界中所應該是的東西成為實然，而且我也是我所應該是的人，並找到了我的稱心和滿足。「我的崗位及其義務」之說教導我們去把我們自己和他人同一於我們所佔據的崗位，去認這崗位為善，並由於這崗位而去認我們自己和他人亦為善。一個人能在世間做他的工作，就是善人；雖然他可有他的過失，但如他的過失不妨礙他去完成他的崗位上的工作時，這也是無妨的。

　　義務和經驗的自我之間矛盾的消失，是由於我使我自己和善良意志同一，而實現於這世界中，也由於我拒絕使我自己和我的私我之不良意志同一。

　　以上所說的是「我的崗位及其義務」之說的三個優點，即：普遍是具體的，普遍是客觀的，普遍消除了義務和經驗自我之間的矛盾。歸結到一點，就是這樣的觀點：社團是實在的道德有機體，這有機體在其成員中知道自己並意志自己，見到只有普遍自我在個人

的自我中，以及個人在普遍自我中，個人才是實在的。

　　布拉德雷認為，相信這種實在的道德有機體是倫理問題上的一種解決方式。它可以打破專制主義和個人主義之間的對立，雖否認這兩種主義，卻又保存了這兩者的真理。個人主義的真理之所以被保存，是因為除非在國家的分子中我們能有濃厚的生命和自我意識，則整個國家就會僵化。專制主義的真理之所以被保存，是因為除非這在國家之內的分子由自己實現這整體，他就不能獲得他自己的個性。最好的社團乃是有最好的人作為其分子的，而最好的人則是最好的社團中的分子。這最好的人和最好的國家兩個問題，實是一個問題的兩面，一個問題之可以區別的兩部。當我們見到這兩方面，一方缺少另一方即非實在時，則我們可以見到，國家的福利及其個人的福利問題是不能分開的，分開是錯誤而有害的。個人道德同政治的和社會的組織是不能分離而存在的，一般說來，一方面愈好，另一方面也是愈好的。社團是道德的，因為它實現了個人的道德。個人道德也是道德的，因為它且只有它，實現了道德整體的緣故。布拉德雷在論述的過程中引用了黑格爾《精神現象學》中關於道德是個人和整體合一的幾段話，闡明個人雖包含於整體中，然而個人並不消滅於整體中。布拉德雷明確反對專制主義，也明確反對個人主義。他的「我的崗位及其義務」說既非只知有國家而不知有個人，也非只知有個人而不知有國家。布拉德雷既不要專制主義，也不要個人主義，然而他承認這兩種主義各有其片面的真理，在他的道德有機體內都得到了保存。他認為「我的崗位及其義務」的學說，是世間最好、最崇高、最美妙的事情，不偏於情感，不偏於抽象，不偏於玄想，也不偏於任何形式的「個人」崇拜。這學說滿足了我們的要求，因為在這學說中，我們的意志達到了它們的實現；而意志

的內容是一個整體，是系統化的；而意志的內外兩面，也都是相同的整體。在外面和內面，我們都有相同的普遍意志去和特殊的個性相結合。但是，布拉德雷認為，這種滿足並不是終極的，無所不包的，而只是不確定的。「我的崗位及其義務」的學說已把「應該」和「實然」之間對立的兩種形式（即外在世界和我內部的「應該」之間的對立，及我的特殊自我和一般的「應該」之間的對立）都取消了，然而，這學說並沒有把這兩種對立完全克服，布拉德雷提出了以下三點理由：

1.在我的崗位及其義務的範圍中，這種對立並未消滅，因為：⑴採用「以眼見作證明」的學說是不可能的。自我不能被眼見為和道德的整體同一而壞的自我則消失。首先，在有道德之人中，這種自我和道德整體間統一的意識是不能常常出現的，唯有當他充分地從事於滿意的工作時，這意識才出現。但當他不是這樣工作時，這壞的自我卻自行表現，而他很難以此為滿意。或者他是滿意的話，這也很難是因為他眼見到壞的自我是不實在的。他不能總是眼見到，他的過失對於事物的道德秩序是無足輕重的。其次，在多多少少是不道德的人中，由於他過去的罪過，因而使他現在不能履行他適當的職能，或不能適當地履行這職能。他所已形成的習慣也許還可再把他拉進形成他的習慣的過失中去，因而他是處於掙扎之中。我們實不能從道德上要求，這人的生活應當超出掙扎之外。若因為他確是在掙扎，即說他不道德，那是最不真實的偽善主義。這裡，以眼見作證明是根本不必討論的。⑵有道德之人也不必發覺他自己在這世界之中已實現。有以下四種情況，沒有一種他可見到他的實現：第一，他在其中為一分子的社團，可以在混亂或腐敗的狀態中，因而在這種社團內，公理和強權不總是結合在一起的；第二，即使在

最好的社團中，這公理和強權的相應也只能保證其大概，而不能保證每一單獨的細節都可相應；第三，存在著能損害任何人生命的苦難，而道德的有機體雖有減輕苦難的藥，卻沒有治療的藥或醫生；第四，社團內的分子可得要為社團而犧牲自己。所以，矛盾又重行表露出來。我們必須尋求一種較高級的學說，依此學說，僅通過信仰，自我抑制就可在一種較高級的自我實現中產生出來。按照布拉德雷的學說，世間的自我實現是永難完全實現的，矛盾始終是存在的，因此要尋求一種較高級的學說，這實際上指宗教，但宗教也不是終極的，最終只有達到「絕對」才能達到一種較高級的自我實現。

2.在我的崗位及其義務的範圍內，矛盾只是部分地被解決，這是因為我們不能把一個人限制於他的崗位及其義務的範圍中。一個人不能光從他所處的道德世界而獲取他的道德。其理由是：⑴因為道德世界在歷史發展的狀態中不是一致的，也不能是一致的，所以這人必須站在這些矛盾的前面和上面，而加以反思。反思的結果必會使他認識到這世界完全不是它應有的狀態，使他力謀去改善這世界。⑵此外尚有世界主義道德的另一原因。今日人類已在某種程度上知道其他社團的是非觀念，它們現在的想法是什麼，以及過去其他時候所想又是什麼，這就導致一種超出任何特別時空的善的觀念。一部分人有善人這樣一個道德理想，而這善人則不是作為或此或彼的社團分子而善，卻是實現他自己在任何所處的社團中的。這就是說，他不是完全地實現於任何特殊的崗位上的。

3.這理想自我的內容不完全落在任何社團的範圍內，簡單說來，理想自我的內容不單純是一個完善社會人的理想。使我自己成為較好之人的事件並不總是直接涉及對他人的關係。真和美的產生以及所謂「文化」的產生，可以認為是一種義務；可是這種義務卻

很難在所有情況下變為我所能見的任何崗位上的義務。我們以真和美為目標時，我們並不是力謀實現自己為任何可見社團內的一分子的。對理想的自我而言，這特殊的個人依然是不完善的，而且必須依然是不完善的。這理想的自我不能在我們所能見的方式上，完全實現於我們中。虛偽的私我是永不能消滅的，我們也是永不實現的。矛盾依然存在，不能見到這種矛盾的人不是不道德，就是超出道德的。

綜上所說，布拉德雷認為，儘管「我的崗位及其義務」之說的主要原理可以是真的，然而對於「何為道德?」的問題，卻不是充分的回答。他力謀找得一個較不片面的解決。這就是他關於「理想的道德與宗教」的學說。

第二節　理想的道德與宗教

一、道德是一個無限實現的過程

布拉德雷認為，我們的道德義務是要到處實現最好的自我。所謂最好的自我，對我們來說，在這一範圍內即是一個理想的自我。在理想的自我在我們中並經由我們而實現這樣的意義上，道德是和自我實現的範圍同樣廣大的。那麼，這理想自我的內容是什麼呢?所謂理想的自我就是善的自我（善我）。善我就是這樣的自我：它實現一個社會的理想和一個非社會的理想；它首先直接地包含對他人的關係，其次不直接地包含對他人的關係。從另一觀點來說，善我所要達到的目標是要在我之內去實現在社會中所實現的理想，去實現我的崗位及其義務；或者去實現不在社會中完全實現的理想。

而這也就是一個社會自我的完善及一個非社會自我的完善。善我的
內容有以下三種來源：

1.首先而最重要的來源是從我們所謂我的崗位及其義務而來。
那種認為個人可以離開社會而獨立自存的見解，是一種無用的幻想。
一個人之所以是人，實因為他曾從人類社會中吸取了他的存在，而
且因為他是一個較大生命的個體表現。這較大的生命，如家庭、社
會、民族，乃是一個道德意志，乃是一個普遍，而把這普遍實現在
他個人的意志中時則成為一個人的道德。善人之善是貫穿於所有他
的生命中，而不只是部分中的。一個人的較好的自我之構成，大部
分由他按忠誠的精神，作為家庭、社會和國家的一員，而忠誠地完
成其義務，及佔領其崗位所構成。當他滿足了這些團體所加諸於他
的要求後，他就把他所謂善我的要求包含在內了。理想自我的基礎
就是符合於我的崗位及其義務的自我。

2.在我們研究我們的善我時，我們發現仍有其他事物，一種為
善之意志，我們所不能見其能在何處實現的。善在我的崗位及其義
務上，是顯而易見地實現於這世界之中的，而我們也很可能達到這
善的真實理想。但是，這超越之善僅是一個理想，因為它是不能完
全實現於我們所見的世界之中。我們也不能發現這超越之善實現
於我們自身中。這是我們所追求的，而在一種方式上也是我們所獲
得的，但我們卻永不能達到它，永不能佔有它。這理想的自我是一
個社會的自我。熱誠和清廉，榮譽和仁愛的完全典型，都是社會的
理想。這些理想都直接包含了對他人的關係。如果你把他人除開，
就會使這些品德的實踐成為不可能。社會理想的內容乃是一個意志，
而這一意志所實行的品德，則不過是我們世間所能找到的品德。

3.一個理想，其實現被認為是道德的義務，但其要素卻不包含

對於他人的直接關係。例如,為自身之故而實現真和美;為自我之故而生活於理解中,知識中,觀測中,以及愛好它們找得自我的真存在,這乃是一種道德的義務。對藝術家或研究者來說,藝術或科學乃以自身為目的,這是一種道德的義務,反之,他不這樣做時,則是一種道德上的過失。但在另一方面,若要把藝術家或研究者的品德變成為社會的品德,或變成為對於鄰人的義務,則不把事實強加歪曲是不可能的。這些品德無疑是可以間接地造成他人的福利,然而這卻不足以使這些品德變成為社會的。這些品德的社會關係是間接的,而且也不在它們的本質之中。

根據以上的討論,布拉德雷說:

> 道德是和自我實現的範圍同樣廣大的,而自我實現就是與理想為一的自我之肯定;這自我的內容從下列三種來源而得:(1)從我的崗位及其義務的客觀世界而得;(2)從社會的理想而得;(3)從非社會的至善而得。❼

道德的一般目的是自我實現,是把理想的自我造成為真實的自我。這理想自我乃是善良意志,乃是將我的意志和一個普遍意志的理想同一。對於道德而言,這目的是一個意志,是我的意志,是普遍意志,也是單一的意志。

除善良意志外,無物是善的。道德的目的不是不分青紅皂白的任何理想之單純的存在,而是在我的意志內一種理想意志的實現。這目的乃是我所意志的理想,乃是在我的意志內及由於我的意志而對於理想的意志,因而是一個理想意志。而我的意志在實現理想時

---

❼ *ES*, pp.224–225.

就是善良意志。從善良意志發出來的行為是善的。對道德而言，善良意志是我的意志，這是十分明顯的；即善良意志之呈現為普遍的，也是一樣明顯的。這就是說，我的道德意志不是我自己作為彼人或此人的純粹意志，而是在這意志之上，及超出這意志之外的。此外，善良意志又呈現為單一的意志。如果我們的意志只和普遍為一，那麼我們也當和我們自己為一，而沒有欲求的衝突，只是一個和諧的系統而已。這就是為道德意識自行提出來的意志。但對道德意識而言，這是理想的，而不是真實的。在道德範圍內，這普遍依然只是部分地實現，這是永遠求存在而卻未存在的東西。

社會有機體的意志可以稱為一個普遍意志，既是能見而真實又是理想的意志。然而，我的崗位及其義務的範圍並沒有包括全部善我。其次，即使在這範圍中，理想和真實依然是分離的。壞的自我（惡我）沒有消滅，而在我自己中，我也看到了一個意志成分，普遍尚未在其中實現；對這普遍而言，這意志成分依然是一個純粹觀念。所以，對道德而言，普遍並沒有在我的崗位內實現。

總之，在道德範圍內，善未完全實現，惡也未完全消滅。如善完全實現，或惡完全消滅，我們就已超出了道德的範圍，而進入宗教。因此，對於道德，理想的自我不是可見的普遍，也不是充分現實的。我們的欲求沒有充分地和理想同一。在我的內心，理想和自己衝突。我們所不能去除的欲求也和我們的善良意志衝突。不論我們怎樣改善自己，我們也永不是完善的，永不是一個和諧的系統。

根據以上的論述，布拉德雷指出，因為道德的目的沒有完全實現，所以道德畢竟是理想的；其次，道德不光是肯定的，也是否定的。作為善良意志的自我，必須要和粗糙的材料，如自然的需求、感情和衝動等，相敵對而發揮作用。這些粗糙的材料，雖然本身不

是惡，卻可阻礙善，所以必須加以教訓，加以壓抑和鼓勵。道德也是對惡、虛偽的自我、欲求和習慣的否定，而這些欲求和習慣體現了一種直接和善良意志相反的意志。再者，道德應當否定粗糙的材料和惡這兩者，這是道德的實質所在，因為一個不被限制，不於自身為惡所限制的人，不是我們所謂道德的。一個道德意志必須是有限的，因而有一個自然的基礎。一個道德意志在某種程度上也必須是惡，一則因為不知道善和惡的人實不是道德的，二則因為善和惡的特別性質只能由善惡間彼此的對立而知道，不能由單純的理智而知道，而只能由內在的經驗而知道。簡言之，道德蘊涵著一種關於什麼是「應該」之意義的知識，而「應該」則蘊涵著矛盾——道德的矛盾。

由上所說，布拉德雷認為，道德是否定的。非道德（即不在道德範圍中的東西）和不道德（即在道德範圍中而不合乎道德標準者）必須存在，作為道德的條件，因為道德之所以是道德僅在其能自行肯定以反乎它的對立者。但是，道德又不是純粹否定。善良意志不光把所謂自然的或不道德的東西加以破壞而已；它固然把它們本身消滅，但這並不就是道德。當善良意志由於自身的肯定而把它們消滅時，以及由於改變包含於它們之中的能力而消滅它們時，它才是道德的。善我自其單純把實在掃除而言，不是真實的。在善我的肯定方面，它乃是普遍意志，乃是真的無限在此人或彼人的私人意志中的安置方式。這裡，它有實在，雖不完全，不充分，卻依然是確定的。我們不能把否定和肯定分離而又不破壞道德世界。道德的肯定，善良意志的積極實現及其對於自然意志和壞的意志的否定，合起來才是道德。所以，在這整體中，任何單一的成分都不是道德。道德的目的不僅是把不道德消滅而已，而且是要在惡的消滅中去作

善之肯定。只有善之肯定才是可欲求的。布拉德雷總結說：

> 道德是一個實現的過程。它有兩個方面或兩種成分，而它們
> 是不能分離的：⑴一個理想自我的地位以及使理想自我在意
> 志中成為現實；⑵內在於第一方面中的否定，而這否定在於
> 使永不系統化的自然材料和惡我成為不實在的東西（這不是
> 消滅，只是改變而已）。❽

按照布拉德雷的看法，這個過程是無限的，因為道德包含一個
矛盾，即道德要求其所不能為的要求，或者說，去實現你所永不能
實現的東西；如果實現了的話，就會把道德本身消滅。沒有人曾經
是或能夠是完全道德的；如果他是完全道德的，那麼他就不再是道
德的。在沒有不完善之處，就沒有「應該」；在沒有「應該」之處，
就沒有道德；在沒有自相矛盾之處，就沒有「應該」。布拉德雷說：

> 「應該」是一個自相矛盾。我們能否說，這已把矛盾除去了
> 嗎？當然不能，除非也把我們自己除去。然而把我們自己除
> 去是不可能的。至少從這一觀點而論，我們是自相矛盾的。
> 我們永不是我們所感覺為實在是的狀況。我們實在是我們所
> 知道為不是這樣的狀況。如果我們變成我們之為我們，那麼
> 我們就很難是我們自己了。道德的目的是在消滅使道德成為
> 可能的東西；道德是一種追求「非道德」的努力。道德向前
> 超出自身，以達到一種超道德的範圍，而在這範圍內，道德
> 之為道德已不復存在。❾

---

❽ *ES*, p.234.

二、道德終結於宗教

　　布拉德雷認為，由於道德中蘊涵著不可克服的矛盾，因而道德並不停止不前，而感覺有超出它的現存的實在之衝動。他說：

> 對道德的反思可使我們超出道德。簡言之，這反思可令我們見到一種宗教觀點的需要。這當然並不是告訴我們說，道德是在世間先有的，其後才有宗教。這所告訴我們的是，道德是不完善的，不完善以致蘊涵一個較高的東西，而這就是宗教。❿

　　宗教本質上是一種作為，是一種道德的作為。它蘊涵著一個實現的過程，一個實現善我的過程。但是，道德並不就是宗教。宗教是多於道德的。在宗教意識中，不管怎樣隱約而不分明，我們卻發現其有對於一個對象，一個非我的信仰；而這對象是實在的。一個不是實在而僅在我們頭腦中的理想不能成為宗教的對象。在道德中，理想自我不成為事實，永遠是一個「將是」的東西。在我們中或在世界中的實在是部分的，不充分的；沒有一個人能說，這實在是和理想相符合的，也沒有一個人能說，從道德上來考慮，我們和這世界都是我們所應該如是的，而應該如是的就是我們現在如是的。我們相信有一個理想，而這理想在它純粹的完全性上永不是實在的；作為一個理想，乃是一個純粹的「應該」。因此，個人道德的理想對於宗教是不足夠的。對於宗教意識來說，對象是實在的，這是不

----

❾　*ES*, pp.234–235.

❿　*ES*, p.314.

能在純粹道德領域中找到的。這就是宗教和道德兩者的主要區別之點。布拉德雷說：

> 對於道德，理想自我是一個「應該」，一個「將然」而尚未然的。宗教的對象也是相同的理想自我，然而這裡這理想自我已不僅是「應該」，而且也是實然。這就是宗教對象的性質。❶

宗教一方面必有一種完全真實的意志，另一方面也必有我們個別有限的意志。由這兩種意志而發生的實際關係即構成宗教。宗教就是個人意志企圖與普遍意志同一，而且相信已實現了這樣的同一。我們首先要放棄私我的意志，而把我們的全部意志、全部自我加進神的意志中，因而相信神的意志就是我的意志，就是我的唯一真自我。我們的行為都當根據這種神人同一的信仰去做。所以信仰乃是宗教的要素。在單純道德中，這種信仰是不可能的。在那裡，你沒有一種神人之間的真實統一，來把你自己與之同一。布拉德雷說：

> 信仰乃是在宗教對象中認識我的真自我，乃是由判斷和意志去把我自己和這對象同一；乃是使全部自我和真實的存在合一，而決心去否定和這對象相反的自我。一句話，這是屬於內心的事。這是相信唯有理想是實在的，相信只實現這理想的意志即是在理論上和實踐上肯定了：只有成為理想，自我才是實在的。❷

---

❶　*ES*, pp.319–320.

❷　*ES*, p.328.

　　布拉德雷進一步說明了信仰的實質。他明確指出，信仰包含兩個方面：⑴相信外在世界的過程，雖有現象的存在，但仍是理想意志的實現；⑵在內部方面相信人與神合一。或者是這樣的兩個方面：⑴相信這世界乃是人性實現為一個神的有機整體；⑵相信特殊個人的內部意志是和這整體相同一的。這就是說，信仰必須有一個「天國」，亦即有一個有機體，而這有機體是自行實現在它的分子中的；而且也在這些分子中，在主觀方面，這有機體自行意志並自覺，正如它的分子在它之內自行意志和自覺那樣。這裡我們有客觀的方面——一個意志，一個整體，實在的理想人性的許多肯定。這種人性雖在每一分子中是不同的，但在所有它的分子中是同樣的。這種人性不是完全實現在僅是此一人或彼一人中，也不是完全實現在任何這種特殊人的「集合統一體」中，而只是完全實現在整體之為一個整體中。我們也有主觀的個人方面。在這方面，整體的一個意志在它和意識的分子的統一中，是自覺的，是自行意志為普遍意志和特殊意志間的個人同一的。這就是說，特殊的個人須由信仰而把宗教的對象即預行實現的神的理想造成為他的，須把他自己和這對象同一，須自見自覺和這對象同一，且須在他自己的自覺中證明它。

　　由道德而達於宗教，是否避免了矛盾呢？沒有！布拉德雷在《倫理研究》一書中說道：

　　　　理想的道德帶來了令人厭惡的不可避免的失敗之感。我們的
　　　　論述過程至此達到了一個終點，然而最佳的活動卻在這裡發
　　　　端。這裡我們的道德完成於與上帝合一中，而隨處我們都發
　　　　現這「不朽的愛」永遠自行建基於矛盾之上，而這矛盾在其
　　　　中又是不斷地被解決的。⓭

　　布拉德雷在《倫理研究》一書中沒有詳細探討宗教中的矛盾，只從信仰方面作了初步的說明。他說：

> 道德和宗教的主要差別是，在道德中僅是將然的東西，在宗教中則在某種情形或在某處總是實然的，而且我們所要做的是已做的。不管這是被認為現在已做的，或是以後將被做的，在這方面沒有實際的區別。它們是以不同方式來看相同事物；不論現在或將來，實在總是同樣確定的。❹

　　「我們所要做的是已做的」，這是在宗教中所包含的一個矛盾。布拉德雷後來在《現象和實在》、《真理和實在論文集》中對宗教中的矛盾從多方面進一步作了論證。第一，從信仰方面說。信仰中包含已信和未信的矛盾，信仰的格言是：「確知善與惡的對立已克服，然而仍須視若未克服而行動」，這是一個十分明顯的自相矛盾。第二，從道德方面說。宗教一方面已超出道德的範圍，另一方面又在道德的範圍中，因為宗教如果存在，就要有所作為，這就是說宇宙不是全善的，仍有善惡的對立，宗教企圖超出道德，而實際又不能超出道德。第三，從神人之間的對立說。神與人的區別是宗教不能缺少的條件。在宗教意識內，神人之間是和諧的，同時又必須承認神人之間是有區別的。第四，從神在宇宙中的地位說。一方面神是與人相對的，是整體中的一個有限物；另一方面，神要超出有限，而成為無限的絕對，然而神若成為絕對，則神與宗教隨之而喪失。因此，神是現象。

---

❸　*ES*, p.342.

❹　*ES*, p.334.

綜上所說，布拉德雷認為，不但道德包含矛盾，而且宗教也包含矛盾。道德的真理固非絕對，宗教的真理也非絕對。道德與宗教都是現象，而非實在。

第三節　對享樂主義和形式意志說的批評

以上兩節我們論述了布拉德雷關於倫理學的積極主張，本節我們介紹他對兩個著名的倫理學說的批評。

第一個學說是「為快樂而求快樂」，這是當時盛行於英國的功利主義的享樂論觀點。布拉德雷對此進行了毀滅性的批判，主要有以下五個方面。

1.享樂論認為快樂是人生的唯一目的，其餘一切皆是手段。人生是「為快樂而求快樂」，除快樂外沒有別的目的。布拉德雷認為這是完全錯誤的。他指出，快樂和痛苦只是情感而已，只是情感中的自我狀態。它們是代表一串此一情感和彼一情感的名稱。情感是稍縱即逝的，因此快樂也是稍縱即逝的。要去實現這種感覺快樂和痛苦的自我，就是要去實現無窮消失中的一串情感。這不是一個實際目的所需要的。布拉德雷說道：

> 我們看到，快樂是一串消失中的情感。此一快樂來，這強烈的自我情感宣佈滿足。此一快樂消逝，而我們就不滿足了。我們認為不是前一快樂，而是現在的一個，但現在的一個又消逝了。我們又必認為不是這一個，而是另一個與另一個，但另一個與另一個仍不能供給我們所需要的；我們仍在渴求與自信中，直至情感之流消逝，而我們卻一無所存。所以，

從獲取幸福而言，我們一如開始時的狀態，我們沒有找到我們自己，我們沒有滿足。**⓯**

2.享樂論提出求「快樂總量」的學說。布拉德雷認為，這是一種虛構。「快樂總量」是一個自相矛盾的概念，所以，去追求這總量是徒勞無益的。快樂是不能有總量的，因為它是一串的情感，是沒有起點的一串情感或者是有起點而無終點的一串情感，這是不能加以總結的。只有我們的生命結束才可以總結，可是這時我們是不知道的，我們仍不會幸福。在我們未死之前，這總量不能實現，因為快樂常不斷的來臨，而這一串快樂常是不完的。布拉德雷提出：什麼是快樂總量呢？有多少數目加入這總量呢？這總量的一切是多少呢？而我們又在何時達其終點呢？在死後呢？抑在生時呢？他用以下的二難推理論道：

> 你是認這總量為一有限數目嗎？則此總量之外，尚有較多的快樂。你是認這總量為一無限數目嗎？則我們永不能達到，因為尚有其他未得的快樂是可以設想的，而凡在其外尚有某物的，不能稱為無限。所以，我們必須說，沒有人曾獲得幸福。或者你不是說有限和無限，而是說這總量乃是盡一人所能得的快樂，則每一人在每一時刻都是幸福的，而幸福也總是完全的，因為依照享樂論的學說，我們大家都是盡量去獲得幸福的。**⓰**

⓯　*ES*, p.96.

⓰　*ES*, p.97.

此外，「快樂總量」說還面臨一個困難：快樂是現在的，過去的快樂不能算是快樂。布拉德雷說：

> 實際上並沒有這個總量。快樂之為快樂，僅在我感覺它時方存在。一個過去的快樂，或是一個觀念，或是另一個第二層次的印象。它本身是空無所有的：我曾經獲得它，我現在沒有獲得它；而「曾經獲得」卻不是快樂。為了有快樂總量，我現在必須有一切快樂，而這是不可能的。**⓱**

3.享樂論提出以「大家的快樂」為目的。布拉德雷認為，從功利主義道德家的理論出發，這不僅是不能證明的，而且也是不可能的。如果我的自我是自存的，是獨立於其他自我的，如果我所欲求與能欲求的一切是我的快樂，如果這快樂是該特殊自我的一種孤立的情感，那麼，唯一可欲求的乃是我自己情感的一個狀態或諸狀態，而其他一切皆為其手段而已。去欲求一個對象，而這對象卻不是我的快樂觀念，這在心理上是不可能的。然而所謂「大家的快樂」就是這樣的一個對象。這樣一個對象如能成立，則享樂論所謂「我所欲求與能欲求的一切是我的快樂」就不能成立。大家的快樂或他人的快樂總不能算是我個人的快樂。如果我們只能欲求個人的快樂，那麼我們決不能再欲求與個人快樂不同的對象。因此，依據享樂論的觀點，「大家的快樂」不能成為目的。功利主義者一方面在心理根據上，相信個人快樂是唯一可欲求的；另一方面，根據自然的和道德的本能，他又相信他必須為他人而生活，應該欲求他人的快樂。兩者合起來就得出「大家的快樂」為目的之結論。但是，布拉德雷

⓱ *ES*, p.98.

認為，這兩方面是矛盾的，功利主義者的推理不是一個好的理論上的推理，而是「功利主義的怪物」之產品。當然，從功利主義的享樂論不能得出「大家的快樂」為目的結論，並不表明不要大家的快樂。布拉德雷根據他的「具體普遍」的學說指出：

> 如果要被實現的自我不排斥其他的自我，反之，這自我之所以為自我，是由這自我和其他自我間的關係所決定、所刻畫和所造成的；如果我以之為目的之自我即是一道德世界實現於我內，而這道德世界是一個由諸自我構成的系統，是我為其中之一分子且也生活於其生命中的一個有機體；如果假定了上述的一切，那麼，我就不能以自身之福利為目的而不同時也以他人之福利為目的。他人不僅是我的手段，而是包含於我的本性中的。這我自己的本性，不僅是我的，而且包括我和此人彼人的，也是站在我和此人彼人之上的；這我自己的本性是優越於我們大家的，是拿法律加諸我們大家的；這我自己的本性在一種較高的意義上超過了作為一個整體並把法律加諸其分子的有機體。這個具體而真實的普遍遂使存在著的道德在理論上可能並在事實上為真實的。⓲

　　布拉德雷還指出，功利主義者雖然在盲目地摸索尋找這種具體真實的普遍，但是他們不把享樂論的目的放棄，不把享樂論的心理學基礎也放棄，是不能找到這種普遍的。

　　4.享樂論依照快樂的性質不同，而將快樂區別成較高和較低的快樂；認為前者是較優越的，後者是較低下的；我們應當追求較高

⓲　*ES*, p.116.

的快樂而不應當追求較低的快樂。布拉德雷認為，這種主張如能成立，那麼不僅快樂總量之說須根本放棄，而且整個享樂論也不能成立。「較高」和「較低」是相對的比較之詞，是指某物之或多或少而已。當我們說「較高」和「較低」的快樂時，我們應該先知道什麼是我們的頂點和底點，否則我們會冒胡說的危險。其次，較高和較低是程度之差，必與量有關。所謂較高之物是指對某一確定事物具有較大的程度或具有較大數目的程度；所謂較低是指有較小的程度或較小數目的程度。所以，離開量，離開程度，就沒有比較，也決沒有較高和較低。因此，較高和較低的快樂仍是量的區別，而非質的區別。假如純粹放棄量的關係，而從純粹性質方面來區別快樂，這樣，所謂「較高」的快樂就不是較強烈的快樂，而是較可取的快樂。按照此說，較可取的快樂不是和無種類之別的一般的最大量快樂有關聯的快樂，因此，這一學說就把所謂追求最大量快樂或快樂總量的原理取消了。取消了最大量快樂的原理，我們就必須在快樂本身之外來定可取和不可取的標準，否則所謂較高的快樂是無意義的。可是如果我們越出了快樂的範圍，那麼我們不僅須得把最大量快樂之說放棄，而且也得把享樂論完全推翻；這是因為承認快樂之外尚有標準，就是承認快樂不是人生的最高目的。另外，就快樂本身而言，根本不能有性質的不同，而只能有量的不同。所謂不同種類的快樂，其實是相同的快樂，依照其和他種本身不是快樂的情感之關係而有不同的程度。

　布拉德雷總結說：

　　　我們已看到，在享樂論的每一形式中，其所提供的目的都是虛幻的，不可捉摸的。我們也已看到，享樂論謀求與道德意

識妥協的努力也是無用的；它沒有一種形式可以給我們一種站得住腳的信條。……從理論上考慮，我們已看到，享樂論是不道德而虛偽的學說，並且我們也準備贊成這樣的諺語：「以快樂為目的即是娼妓的信條」。❶❾

總之，「為快樂而求快樂」的享樂論所追求的是「純粹的特殊」，所要實現的是特殊的「自我」，是此一個或彼一個的特殊情感或其總量。而「為義務而盡義務」的學說是一種和享樂論極端相反的另一偏見，它以「純粹的普遍」代替「純粹的特殊」。這個學說所要求實現的，不是此一個或彼一個的情感，而是與或此或彼的情感無關的「形式」。

「為義務而盡義務」的學說以純粹形式的「善良意志」為實現的目的，認為人生除善良意志外不能另有善。善就是善良意志。所實現的目的是為意志而意志的；自其對我的關係而言，它是善良意志在我自己中的實現，或是我自己實現為善良意志。什麼是善良意志呢？主張純粹形式的善良意志說的人認為，善良意志是普遍意志，而不是此一人或彼一人的特殊意志；善良意志是自由意志，即是不受非自身的事物所決定的而是自己決定自己的意志；善良意志是自主意志，即是自己為自己而立法同時也為大家而立法的意志；善良意志是形式意志，即所意志的是一個普遍，而不是一個特殊。因此，善良意志就是僅為形式所決定的意志，是以意志的純粹形式而實現自身的意志。這個形式意志真正地表現了意志的普遍性、自由性和自主性。在形式性中，這一切特性均合而為一。我是自主的，僅因為我是自由的；我是自由的，僅因為我是普遍的；我是普遍的，僅

---

❶❾　*ES*, p.124.

因為我不是特殊的；而我不是特殊的，僅因為我是形式的。善良意志既是意志的純粹形式，實現善良意志就是要實現意志的純粹形式。但是我不是一個純粹形式，我有一個「經驗的」天性，有一串「此我」的特殊狀態，有一堆欲求，一堆厭惡，一堆傾向，一堆衝動，一堆快樂和痛苦，也即有我們所謂一個感覺的自我。這個「經驗的」自我或「此我」同形式意志的自我是對立的。道德就是形式的自我壓迫感覺的自我之活動，而在這種活動中才有「應該」和「義務」可言。在應該中，自我被命令，而這自我是在我之內的感覺自我。當感覺自我被命令時，若我服從，則這自我就被非感覺的形式意志所強迫。這就是說，「應該」是形式意志的自我所下的命令，義務是服從，是經驗自我或感覺自我被這種意志所強迫。我們必須為義務而盡義務，否則，義務就不是義務。這就是說，我們應當僅為意志的純粹形式而謀其實現，此外別無任何其他目的。如果一個行為僅為快樂而盡義務，那麼這種行為所實現的就不是形式意志，不是形式之自我實現，因而這種行為決不能算是義務的，也是沒有任何道德可言的。

　　布拉德雷認為，這種以實現形式意志為目的的「為義務而盡義務」學說是自相矛盾的。他從以下三個方面揭露了這一學說的錯誤：

　　1.布拉德雷認為，所謂「實現」就是把一個理想的內容變為存在，或者說就是「特殊化」。你是去實現善良意志，而這就是形式意志或普遍意志。但所謂普遍即特殊的反面。「實現這特殊」就是實現普遍的反面。因此，如果你把普遍特殊化，那麼你就沒有實現這普遍，沒有實現你所要實現的普遍；或者換句話說，如果你把形式加以實質化，那麼它就不再是形式了。另一方面，「去實現」就是去實質化，就是去特殊化。「去實現」斷定了形式和內容的具體

同一，而這是「形式意志」所否認的。於是我們就處於一個毫無解決希望的矛盾命令中，這命令同時告訴我們：只有形式的（即不實在的）意志是善，而為著這善之故，我們要去實現（即非形式化）這形式意志。「去實現形式意志」等於說「把普遍特殊化」或「把形式實質化」，因此，「實現」和「形式意志」是無法結合為一個詞的；「為義務而盡義務」的學說把兩個詞結合為一，這是自相矛盾。

　　2.一個意志的行為有兩方面，即內部和外部方面，或者說，「主觀」和「客觀」方面。意志的行為有某一內容，一方面是要做的，另一方面是已做的。例如，殺人的事件，除非我想要殺他並且已經殺他，不能成為我的意志行為。光是我身體的動作不構成一個行為，光是我心內的思想也不構成一個行為。行為的兩個方面的內容必須相同，它是做一人所意志的東西，它是由內部世界過渡到外部世界的過程。但是，「形式意志」是一個抽象原理。由以上所說的「行為」的特點可以看到，沒有一個行為能夠把一個抽象原理加以實施的。由於行為的兩方面內容必須相同，因而沒有一個抽象是能有其真實存在的內容的。沒有內容的東西是不能被意志的，對之也沒有任何行動的可能。「實現形式意志」就等於實現一個沒有內容的行為，這違背了行為的本性。布拉德雷深刻地指出：

　　　　每一人都知道唯一去盡你的義務之方法，就是去盡你的各種義務；都知道一般的行善可以是不行任何特殊的善，所以是決不行善，而所行也許是善的反面。每一人也都知道，不論在宗教上、道德上或政治上，意欲實現一個抽象是一種無益的企圖；而其結果或是你毫無所為，或是行為所需要的特殊內容被偶然的情況附加於這抽象之上。每一人即使他們不是

確實感到，至少也會有些疑心：普通所謂有意識地根據抽象
原理的行動不是自欺，就是偽善，或兩者兼而有之。**⑳**

3.布拉德雷認為，一個意志必然是一個行為，一個無所為的意
志不能算是意志。而每一行為都是一個特殊事件。一個行為必為此
一或彼一行為，一個「一般行為」是無意義的。「為義務而盡義務」
學說叫我們去實現形式意志，也就是叫我們要有一個「形式的行為」。
但是，一個形式的行為怎樣能成為或此或彼的行為呢？不是此一或
彼一行為，就決無行為可言。布拉德雷說：

> 要行，你就必須去意志某物，且是確定的某物。一般地去意
> 志是不可能的，而特殊地去意志決不是僅僅去意志一個形式。
> 至多這必定是去意志這形式的偶然事例，這樣，從心理學上
> 說來，凡有動的東西都是偶然（如欲求）。純粹形式是不能動
> 的。當一人決不去意志特殊物時，他的意志就是一個純粹的
> 虛構；同樣，意志若沒有欲求，不管是意識的或無意識的，
> 是特別的或習慣的，這意志也是一個純粹的虛構。**㉑**

綜合以上三方面的論證，布拉德雷得出了以下結論：

> 所以我們見到，這「為義務而盡義務」的學說只說「為正當
> 之事而為正當之事」，但沒有告訴我們何謂正當之事；或者只
> 說「為使你成為一個善良意志之故，去實現一個善良意志，

---

⑳ *ES*, pp.152–153.

㉑ *ES*, p.153.

去做一個善良意志之所將做」。這雖言之有物，但此外則默無
所言或言而無當。這學說告訴我們，要為著形式而行為，我
們已見到這是一個自相矛盾的命令。……我們見到這義務的
普遍律，如普遍指的是永不會被推翻的話，實不是普遍的。
我們也見到，這義務的形式及其絕對的命令是不能實行的。
最後這學說留下來的就是說，我們要為善良意志之故而行動，
我們要通過實現在我們之上及比我們為高的意志而實現自
己，並且保證說，這才是我們所當為之而生活的目的，而不
是那個要使之愉快的自我。但關於善良意志是什麼，這學說
卻一無所言，而留給我們一個毫無價值的抽象。❷❷

第四節　幾點評論

一、關於倫理學的基礎

　　布拉德雷把倫理學納入他的絕對唯心主義體系之中，看成是一
種關係經驗，是達到絕對經驗的一條必經之路。對倫理學作這樣的
解釋，是不正確的。倫理學以道德為研究對象，而道德是一種社會
意識形式，是在人類社會的一定生產方式或經濟關係的基礎上產生
的，它受社會經濟關係的制約，並隨著社會經濟關係的變革而發生
變化。不論在哪個社會裡，有什麼樣的經濟關係，就會產生與之相
適應的道德觀念。不同的社會有著不同的道德類型。道德總是具體
的、歷史的。適用於一切時代的「永恆道德」是不存在的。隨著社

❷❷ *ES*, p.159.

會的發展，道德也在不斷的進步。我們在考察道德時，必須把它同社會經濟關係緊密聯繫起來。脫離了社會經濟關係，是不能科學地說明倫理學的基礎的，特別是不能說明道德的具體性和歷史性。

布拉德雷詳細論證了道德中的矛盾——「要求其所不能為的要求」，認為道德是一個無限實現的過程。這種看法是辯證的，是值得肯定的。但是，布拉德雷從他的絕對唯心主義體系出發，認為道德由於矛盾，因而向前超出自身，達於宗教。但是，宗教包含著一個不可克服的矛盾——「我們所要做的是已做的」。布拉德雷根據他的現象－實在體系，宣稱道德和宗教都是現象，而非實在。這就是說，在「實在」中，在「絕對」中，道德和宗教都被消滅了。布拉德雷的上述說法完全是為了體系的需要而杜撰出來的。我們已經說過，道德是一種社會意識形式，其基礎是社會經濟關係。宗教也是一種社會意識形式，其基礎也是社會經濟關係。道德和宗教是從不同的方面反映並且反作用於社會經濟關係的，它們雖有聯繫，但屬於不同的社會意識形式。在它們之間，無所謂高低。布拉德雷把宗教說成是超出道德的較高東西，這是完全錯誤的。此外，把道德和宗教都說成是不實在的「現象」，這也是完全錯誤的。道德和宗教既然都離不開社會經濟關係，就不會在社會經濟關係存在時而被消滅。只要社會存在，社會經濟關係就存在，社會經濟關係存在，道德和宗教就存在。現代的社會是如此，未來的社會也是如此。

二、關於個人和整體的辯證關係

布拉德雷的倫理學是整體主義的，其基礎是「自我實現」說；「我的崗位及其義務」說則是「自我實現」說的具體化。布拉德雷在論述整體主義倫理學時，採用了黑格爾的辯證法，正確地處理了

個人和整體（特別是國家）之間的關係。他以「有限與無限的辯證統一」原理為指導，提出「實現你自己成一無限的整體」。自我不會在整體中消失，然而自我卻不能離開整體而實現，這整體也不能離開自我而存在。具體說來，一個人的生活及其道德的義務，主要為他在由諸整體構成的系統即國家中的崗位所充滿。布拉德雷精闢地提出了「人是社會動物」、「社會是有機體」等著名論斷。根據布拉德雷的論述，他的整體主義倫理學不是絕對整體主義的，而是個人和整體辯證統一的和諧體系。在中國哲學界，有的學者否定布拉德雷的整體主義倫理學，認為布拉德雷宣揚對國家的絕對服從，發揮了黑格爾有關學說的消極方面，等等。我的看法恰恰相反，布拉德雷並沒有發揮黑格爾神化國家的消極學說，沒有宣揚對國家的絕對服從。他在《倫理研究》中，堅決否定個人主義，也堅決否定專制主義。他的「我的崗位及其義務」之說是對個人主義和專制主義的揚棄，所要實現的普遍是具體的、客觀的，並且消除了義務和經驗自我之間的矛盾。

　　布拉德雷的個人與整體辯證統一的整體主義倫理學是一份值得我們繼承的珍貴遺產。在社會中，社會公德、職業道德和家庭倫理道德這三種類型的道德都離不開個人和整體的辯證統一。社會公德即社會公共道德，是一切社會成員在社會生活中都應該遵守的道德行為準則。職業道德是調節職業集團內部從業人員之間的關係以及職業集團與社會整體各方面關係的道德準則和行為規範。家庭倫理道德是調節婚姻和家庭關係的道德準則。這三種道德都是高度社會化的、整體化的、實踐化的道德。在現代社會中，我們必須以整體主義的精神，加強這三種道德的教育，提倡在整體的發展中實現自我價值，堅決反對極端個人主義和利己主義。如此，人類社會將

會變得愈來愈美好，將會實現「個人的自由發展與一切人的自由發展相同一」的大同境界。

三、關於享樂主義和形式意志說的謬誤

布拉德雷以犀利的筆鋒、磅礴的氣勢駁斥了享樂主義和形式意志說（即「為義務而盡義務」說）。他以「普遍和特殊辯證統一」的觀點為指導，深刻地揭露了享樂主義和「形式意志」說這兩種謬誤的認識論根源。享樂主義所追求的是「純粹的特殊」，所要實現的是特殊的「自我」，是此一個或彼一個的特殊情感或其總量；而「形式意志」說或「為義務而盡義務」說以「純粹的普遍」代替「純粹的特殊」，所要求實現的不是此一個或彼一個的情感，而是同情感無關的「形式」。這兩種倫理學說都離開了「普遍和特殊的辯證統一」觀，各執一個極端，「只見樹木，不見森林」，因而都是片面的，錯誤的。布拉德雷從反面對享樂主義和「形式意志」說的批評，實質上也加強了對整體主義倫理觀的正面論證。可以說，這是「相得益彰」。

在現代社會中，享樂主義的思潮十分流行。這種思潮離開社會整體而大談個人的享樂，鼓吹「何不遊戲人生」、「瀟灑走一回」，等等。在這樣的情況下，重新學習偉大哲人布拉德雷對享樂主義的致命批判，具有重要的現實意義。現代的享樂主義者應該記住布拉德雷的警句：「以快樂為目的即是娼妓的信條」。

第五章　布拉德雷在西方哲學史上的地位

第一節　黑格爾哲學體系概要

布拉德雷是新黑格爾主義的代表人物，為了科學地評價他在西方哲學史上的地位，把他的哲學思想同黑格爾的哲學思想作一點比較研究，這是十分必要的。通過比較，我們就可以看出，布拉德雷哲學與黑格爾哲學的異同。下面我們先略述黑格爾的哲學體系。

黑格爾哲學是客觀唯心主義。他認為，「絕對精神」或「絕對觀念」是客觀獨立存在的、在自然界產生之前的宇宙精神，「絕對精神」先於自然界和人類社會永恆存在著。黑格爾整個客觀唯心主義體系就是對「絕對精神」自我運動和自我發展全過程的描述。「絕對精神」的發展經歷了三個階段：邏輯階段、自然階段和精神階段。「絕對精神」運動的最初階段是作為純思維、純概念的存在，然後它把自己「外在化」為自然界，最後它又揚棄自然界回復到自身，作為精神、思維而存在。因此，黑格爾的哲學體系相應地由邏輯學、自然哲學和精神哲學三個部分組成。貫穿黑格爾哲學體系的一條基本原則就是：思維與存在同一。他認為，思維及思維的規定是對象的本質，事物與對事物的思維自在自為地是一致的，思維在它的內

在規定中與事物的真正本性是同一個內容。黑格爾承認思維與存在的同一性，但把這種同一性的基礎歸於思維，認為思維「統攝一切」，並為一切的基礎。黑格爾的結論就是：「存在就是思維」，「物質就是純粹思想」。這種創造世界並且構成世界上一切事物之本質的抽象思想就是「絕對精神」或「絕對觀念」。黑格爾的哲學體系就是建基於思維與存在同一性原則之上的「絕對精神」之辯證運動。這種辯證運動過程採取了正、反、合的三段式。原先的概念是「正」，其發展出來的對立面是「反」。前兩個概念結合起來，就產生出第三個概念，即「正」與「反」的「合」。「合」不是「正」與「反」的機械相加，而是辯證綜合，它揚棄了正與反的各自片面性，因而是一個新的概念，比正與反包含了更高的真理。概念的辯證運動接著又以原來的「合」為「正」，循著正、反、合的三段式繼續運動前進，直到「絕對精神」完全實現它自身為止。正題是「肯定」，反題是「否定」，合題是「否定的否定」，是肯定和否定的對立統一。以上所說是黑格爾哲學體系的一般特點。下面分別論述他的哲學體系的三大部分。

一、邏輯學

邏輯學是黑格爾哲學體系的第一部分。邏輯學包括三篇：有論（存在論）、本質論和概念論。這三篇就是「絕對精神」在邏輯階段自我發展過程所經歷的三個階段。

㈠有論

黑格爾的邏輯學從「有」（或「存在」）開始。「有」是指純「有」，這種純有是不可感覺、不可直觀、不可表象的，是「純粹的抽象」，捨去了一切具體屬性，而僅僅留下最一般的「有」或「存

在」。由於「純有」是純粹的抽象，因而是絕對的否定。這種否定，直接地說來，也就是「無」。這樣，黑格爾就從第一個思想範疇「有」過渡到第二個思想範疇「無」。黑格爾認為，有和無是互相聯繫與轉化的，是對立統一的。有轉化為無，無也同樣轉化為有，這種有和無的互相轉化和過渡就是「變易」。「變易」就是「有」和「無」的具體統一。「有」、「無」、「變易」是黑格爾邏輯學中最早出現的一個正反合三段式。黑格爾從「變易」繼續進行推演。「變易」由於自身的內在矛盾，使「有」與「無」皆被揚棄於統一之中，由此得到的結果就是「限有」，即有限的存在。「限有」是具有某種規定性的存在，而這種規定性，作為直接的或存在著的規定性就是質。在「限有」之外尚有「別物」限制著自己。「自有」是「有」與「限有」的統一，是完成的「質」。質是與存在同一的直接規定性，由於內在矛盾終於過渡到它的對立面「量」。量是事物存在的外在規定性，一物雖然在量的方面有變化，變得更大或更小，但此物仍然保持其原有的存在。量由於自身包含著矛盾，經過三個階段的發展，即由「純量」、「限量」發展到「等級」。「質」和「量」的統一就是「度」。「度」是完成的「有」，「有」在「度」中達到了完全的規定，成為有質有量的東西。黑格爾在「有論」中著重考察和闡述了由質到量和由量到質的互相轉化的問題，提出質量互變的辯證發展規律。在度中，量的增減不影響事物的質，這說明二者有區別，但量的增減有其限度，一超出其限度就會引起質的改變，這說明二者又是有聯繫的、統一的，區別只是相對的。例如，水的溫度最初是不影響水的流動性的，但流質的水的溫度之增加或減少卻有一個限度，到了這限度，這水的聚合狀態就會發生質變，這水在一種情況下會變成蒸汽，在另一種情況下會變成冰。黑格爾指出，量變是漸進的過

程，質變是突變，是「漸進過程的中斷」即「飛躍」。任何新質的產生和舊質的消逝，都要經過「飛躍」的形式來實現。例如，水經過冷卻並不是逐漸變成更堅硬的，並不是先前為膠狀，然後再逐漸堅硬到冰的硬度，而是一下子堅硬了。在水已經達到了冰點以後，如果仍舊在靜止中，它還能保持液體狀態，但是，只要稍微振動一下，就會使它變成固體狀態。

「有論」中的範疇都是直接性的範疇，例如質、量、度等等，這些範疇是對於直接存在的認識。黑格爾認為，事物的直接存在好像是一個帷幕，在裡面或後面，還隱藏著本質。因此，「絕對精神」的進一步發展必然否定「有」而作為「本質」出現。這樣，「有論」就過渡到「本質論」。

(二)本質論

「本質論」是邏輯學的第二部分。「本質論」中的範疇是間接性的範疇。在本質階段，我們的思維是要在事物的直接存在之外尋找它的內在本質和根據。本質不是直接顯露於外的，而是通過直接性的東西間接地表現出來的。要把握那間接的、內在的本質需要通過我們的「反思」。黑格爾指出，「反思」或「反映」這個詞是從光射現象中借用來的，當光直線式地射出，碰在一個鏡面上時，又從這鏡面上反射回來，便叫做「反映」。這就是說，當我們「反思」一個對象時，我們的認識不滿足於、不停留於當前直接的存在，而是要去把握它裡面的間接的本質。因此，與「有論」的範疇不同，「本質論」的範疇是成對的。在「有論」中，範疇的運動是從一個範疇推演出另一個範疇，在「本質論」中，則是要揭示出成對範疇之間的反映關係。這些成對的範疇有：本質和現象、同一和差異、形式和內容、原因和結果、必然和偶然等。

　　黑格爾按照他的體系的基本公式「否定之否定」，把本質的發展也安排成正、反、合的三段式。

　　第一、正的階段——本質自身。在這一階段之下，又分一些比較具體的範疇，也都是按「否定之否定」的公式組織起來的。

　　「同一」是本質最初在自身之內的反映，是反映的自我關係。但是這種同一或自我同一不是「抽象的同一」，而是「具體的同一」，即包含了差異的同一。黑格爾論證說，在自我反映中，一方面表明反映者與被反映者均為本質自身，二者是同一的，同時另一方面也表明二者是有區別的，因為本質是從自身排出自身而分解為二，這就是本質在自身之中進行區別，因而才有反映關係。這種自我反映是自身關係的否定性，因而是排斥自身的。這就是本質在自身之中進行區別，因此，作為本質自身之自我關係或自我反映的同一性就包含有差異或區別的特性，這就是「具體的同一」。黑格爾堅決反對「抽象的同一」或「形式的同一」，認為這是孤立於「差異」之外的同一，是排斥「差異」的同一。他批判了「同一律」：A是A，指出這種定律並非真正的思維規律，而是抽象知性的規律；這個命題的形式本身就是矛盾的，因為這個命題沒有說出主詞與謂詞間的區別；並且從普遍經驗看來，沒有人會依照同一律說話，也沒有任何一種存在依照同一律存在，如果人們說：一星球是一星球，磁力是磁力，心靈是心靈，那簡直是笨拙可笑的。黑格爾十分強調「具體的同一」，認為真理只有在同一與差異的統一中才是完全的。因此他對「差異」進行考察。「差異」有「直接的差異」（或「雜多」）和「本質的差異」。「雜多」就是不同事物各自獨立，其性質與別物發生關係後互不受影響，而這關係對於雙方是外在的。「直接的差異」或「雜多」是一種「外在的差異」、「形式的差異」。思維不能

停留在外在的差異內，必須向前進展到「本質的差異」。「本質的差異」有肯定與否定兩面：肯定的一面乃是一種同一的自我關係，也就是堅持其自身的同一，而非其自身的否定。而否定的一面，即是差異自身，而不是肯定。於是每一方面之所以各有其自身的存在，乃由於它不是它的對方，同時每一方面都映現在它的對方內，只由於對方存在，它自己才存在。因此，「本質的差異」就是「對立」。在對立中，有差異之物並不是一般的他物，而是與它正相反對的他物；這就是說，每一方只有在它與另一方的聯繫中才能獲得它自己的本質規定，此一方只有反映另一方，才能反映自己。另一方也是如此；所以，每一方都是它自己的對方的對方。這樣，「對立」就發展為「矛盾」。 矛盾是推動整個世界的原則。由對立而進展為矛盾的最直接的結果就是「根據」， 根據既包含同一又包含差異在自身內作為被揚棄了的東西，並把它們降低為單純觀念性的環節。根據是同一和差異的具體統一。根據是自身反映同樣也反映對方；反之，反映對方也同樣反映自身。根據就是被設定為全體的本質。任何事物皆有充分的根據，這就是說，任何事物的真正本質，不在於說該物為自我同一或異於對方，亦不僅在於說該物為肯定或否定，而在於表明一物之存在即在他物之內，這個他物即是與它自身同一的，也就是某物的本質。因此，根據即是內在的本質，而本質實質上即是根據，而根據之所以為根據，就是由於它是某物或他物的根據。

同一、差異和根據是本質自身階段中的第一個小階段，屬於純反映範疇。當根據揚棄其自身時，由根據之否定而產生出來的結果，就是「存在」（或「實存」）。存在是自身反映與他物反映的直接統一。因此存在即是無窮多的存在的事物。它們是相對的，自身反映

同時又於他物中反映其自身。「事物」就是「根據」與「存在」兩範疇的統一。

第二、反的階段——現象。現象是本質的表現。本質是實際存在的東西，實際存在就是現象。因此本質不在現象之後，或現象之外。黑格爾在現象階段裡考察了「現象界」、「內容與形式」和「關係」等範疇，「關係」範疇又分為：全體與部分的關係，力與力的表現的關係，內與外的關係。

第三、合的階段——現實。現實是本質和現象的統一，是內在方面與外在方面的統一。「現實」階段也經歷一個發展過程。黑格爾在這一階段著重考察了可能性和現實性、必然性和偶然性以及因果性等範疇。「現實」具有兩個單純的形式，其內在方面即「可能性」，外在方面即「偶然性」。「可能性」和「偶然性」是「現實性」的兩個環節。「可能性」有「形式的可能性」（或「抽象的可能性」）和「實在的可能性」之分。形式的可能是抽象的、空洞的自身同一的形式規定，按這種可能性意義，一切不自相矛盾的東西都是可能的；可能性的王國因此是無邊無際、花樣繁多的。「實在的可能性」在自身中具有現實性的環節。形式的可能性規定自身只是可能性，所以就是形式的現實，這種形式的現實只是「有」或一般的存在。因此，一切可能的東西都總有一個「有」或一個存在。這種可能與現實的統一，就是「偶然」。　偶然的東西，因為它是偶然的，所以沒有根據；同樣也因為它是偶然的，所以在別的東西必有根據。黑格爾指出，偶然的東西就是必然的東西，必然性自己規定自己為偶然性。「必然性」分為「相對的必然性」和「絕對的必然性」。「實在的可能性」就是相對的「必然性」。　凡是實在可能的東西，它就不再能夠是任何別的東西；而必然的東西之所以是必然的東西，就是

因為它不能夠是其他任何東西。因此，「實在的可能性」與「必然性」的區別只是表面的。一個事物是可能的還是不可能的，取決於內容，取決於現實性的各個環節的全部總和，而現實性在它的開展中表明自己是必然性。當必然性還是「實在的可能性」時，是以偶然的東西作為出發點的，因此是相對的必然性。「絕對的必然性」是指「一物之所以是一物乃是通過它自己本身，它雖然可說是中介性的，但它卻同時能揚棄其中介過程，並把它包含在自身之內」。

在黑格爾的邏輯學中，「有論」和「本質論」屬於客觀邏輯。「有論」和「本質論」的統一就是「概念論」，屬於主觀邏輯。

(三)概念論

概念論是邏輯學的第三部分，是「絕對精神」在邏輯階段中發展的最後階段。「概念」是有與本質的統一，它集前此一切範疇之大成，並予以揚棄而包含之。黑格爾仍按正、反、合的三段式，把概念的發展區分為三個階段：

第一、主觀性。在主觀性階段，黑格爾從辯證法的觀點論述了概念、判斷和推理。

概念是「具體的」，是多樣性之有機聯繫的整體。概念自身包括有三個環節：普遍性、特殊性和個體性。真正的普遍性或共相與僅僅的共同之點不同。一般人所說的概念只是一抽象的概括性，只是堅持其共同之點，這是抽象概念，不是具體概念。概念乃是「具體的共相」，不是空洞的抽象，而是「不同規定之統一」，因此，它既是抽象的，又是具體的。相對於感性事物來說，它是抽象的；但是相對於抽象的普遍性來說，它又是最具體的，它不是把差異排除於外的共同點，而是把差異統一於自身的共相。

判斷就是概念的特殊化。判斷對概念的各個環節予以區別，由

區別而予以聯繫。在判斷裡各成分被建立為獨立的並同時與自身同一而不與別的成分同一。黑格爾將判斷分為四類：⑴質的判斷，僅僅陳述主詞的感官性質，如「這玫瑰花是紅的」；　質的判斷又分為肯定、否定和無限判斷。⑵反映的判斷，這種判斷的謂詞所陳述的不是一直接的、抽象的質，而是關於主詞的某種關係的規定，如「這個工具是有用的」。在反映的判斷中，又分單稱、特稱和全稱判斷。⑶必然的判斷，這是由反映的全稱判斷發展而來，使得主詞和謂詞的內容有了同一性，都涉及到同一個類的內在本性。凡屬於全體的即屬於類，因而即是有必然性的。例如，「玫瑰花是一種植物」。必然的判斷又分為直言、假言和選言判斷。⑷概念的判斷，這種判斷以概念、以在單純形式下的全體，作為它的內容，亦即以普遍性和它的全部特性為內容。概念的判斷又分為實然、或然和確然判斷。

　　質的判斷相應於概念發展中的「有」論階段，反映的判斷和必然的判斷相應於「本質」論階段，概念的判斷相應於「概念」論階段。從質的判斷經過反映的判斷、必然的判斷而達於概念的判斷，揭示了人的認識由低級到高級、由膚淺到深刻的不斷深化的過程。

　　關於推理，黑格爾也是按認識由淺入深的過程來分類的。推理的發展有三個階段，即質的推理、反映推理和必然推理。質的推理中所包含的判斷是質的判斷，大項、小項與中項都是簡單的抽象的規定性，它們之間的聯繫是外在的。例如，「這玫瑰花是紅的，紅是一種顏色，所以，這玫瑰花是有顏色的」。　反映推理中所包含的判斷是反映判斷，大項、小項與中項都是相關的具體的規定性。例如，「所有人是有死的，卡尤斯是人，所以，卡尤斯是有死的」。反映推理又分為全稱推理、歸納推理和類比推理。必然推理中所包含的判斷是必然判斷，以共相為中項，大項、小項與中項之間的聯繫

是必然的。必然推理又分為直言推理、假言推理和選言推理。

第二、客觀性。由「推理」向前發展就進入「客觀性」，概念由主體轉化為客體。

客觀性包含有機械性、化學性和目的性三個形式。機械性的客體是直接的無質的區別的客體，這些機械物體的區別彼此是不相干的，它們的聯繫也只是外在的。到了化學性的階段，客體本質上表現出區別，在這裡客體是相互聯繫的。目的性是機械性和化學性的統一，是一個全體。目的的實現便形成到「觀念」或「理念」的過渡。

第三、觀念（理念）。觀念是自在自為的真理，是概念和客觀性的絕對統一。觀念的發展經過了三個階段。第一階段是生命，亦即在直接形式下的觀念。第二階段是間接性或區別性的階段，這就是作為認識的觀念，這又表現為理論的觀念和實踐的觀念。「實踐的觀念」亦稱「意志」，是主體能動地改造客體的實踐活動。黑格爾認為，「實踐的觀念」高於「理論的觀念」，因為通過實踐活動，使主體不但具有普遍性，而且具有現實性。「觀念」經過「生命」與「認識」兩個階段達到第三階段，即「絕對觀念」的階段。「絕對觀念」是「理論觀念」和「實踐觀念」的統一，「生命」和「認識」的統一，這種統一乃是絕對和全部的真理。這樣，「絕對精神」在「絕對觀念」中就完成了邏輯階段的發展，從純粹思維領域轉化為自己的對立面——自然，即「自我異化」或「外在化」為自然界。

二、自然哲學

自然哲學是黑格爾哲學體系的第二部分。自然哲學也是按照正、反、合的三段式分為三個階段：「力學」、「物理學」和「有機

物理學」。

(一)力學

這是研究自然界的第一階段，是正題。在邏輯學中，觀念是內在於它本身之中的，由邏輯過渡到自然，觀念的這種內在性就轉化為自己的對立面——絕對的外在性。這就是空間、時間和物質的體系。物質體系的各個部分之間完全漠不相關，沒有任何統一的原則，而表現為無窮的雜多性。在這個階段，自然被絕對的機械性所統治，物體表現為純粹機械的組合，它們趨向在自身之外去尋求一個重力中心，把分散的機械物體吸引在一個統一的系統之中。

(二)物理學

這是自然發展的第二階段，是反題。物理學的對象是物質的「個體性」，即物體的物理和化學的特性。在物理學階段，一切對象都是在差別和對立中相互映現的個體性。個體性分為三個環節：物理天體、物理元素和氣象過程組成的「普遍個體性」，比重、內聚性、聲音和熱組成的「特殊個體性」，以及磁、電和化學過程組成的「總體的個體性」。

(三)有機物理學

這是自然發展的第三階段，也是最後階段，是前兩個階段的合題。這個階段是從無機的自然界過渡到有機的自然界，這個過渡是通過化學過程而實現的。生命是有機物理學的對象。生命的發展又分為三個較小的階段：「地質有機體」、「植物有機體」和「動物有機體」。在動物有機體的最高階段，出現了「人」。人的出現是自然界發展的高峰，是自然界在有生命的東西中得到最後的完成。由此就過渡到精神哲學的階段。

三、精神哲學

精神哲學是黑格爾哲學體系的第三部分，也是最後一部分，它是黑格爾體系的完成形式。精神哲學的對象是從自然界回復到自身的精神。在精神哲學中，精神揚棄了外在性的自然而回復到自身，展現了自身的全部豐富的內容，實現了精神自身的自由本質。精神的發展也經歷了正、反、合的三個階段：主觀精神、客觀精神和絕對精神，這也就是人的意識和社會意識發展的三個階段。

㈠主觀精神

「主觀精神」的階段是指精神的主觀性，精神尚未展現於客觀的道德風俗和社會政治制度之中。「主觀精神」分為靈魂、意識和精神。「靈魂」是人類學的研究對象，「意識」是精神現象學的研究對象，「精神」是心理學的研究對象。

㈡客觀精神

精神把自己體現為外在的存在，表現為社會的法律、道德、社會政治制度等等，這就是「客觀精神」。 客觀精神的發展也有三個階段：抽象的法權、道德和社會倫理。

在抽象的法權階段，黑格爾以抽象的方式說明每個人都有占有私有財產的權利。他強調人的本質在於自由意志，把物占為私有是人的自由意志的必然的外在化和現實化。

客觀精神發展的第二階段是道德。這時，表現為對物的占有的法的意志轉化為道德的主體。道德是自身反映的意志，是意志轉向於它自身的主體性，轉向於意志自身的內在狀態。在道德中，動機與目的、個人意志與普遍意志是統一的。

社會倫理是客觀精神發展的第三階段，是客觀精神發展的完

成，是自由意志的具體的實現。抽象法權是客觀的，道德是主觀的，倫理則是主觀和客觀的統一。倫理觀念的發展又經歷了三個小階段：家庭、市民社會和國家；它們是倫理觀念的現實化，而國家則是倫理觀念現實化的最高階段。黑格爾雖然認為國家是由家庭、市民社會發展來的，但他不承認家庭、市民社會是國家的基礎。恰恰相反，他認為國家是一切社會生活現象的決定性的基礎，把家庭、市民社會僅僅看做是達到國家的中介，是被揚棄了的有限性領域，而國家則是超出了這兩個領域的無限的現實精神，是它們所追求的目的。黑格爾還把國家加以神化，說國家是「在地上的神」、「神自身在地上的行進」。 在倫理階段，個體把自己認做一個倫理的實體，是家庭、市民社會和國家的一員。由於國家是客觀精神，所以個人本身只有成為國家成員才具有客觀性、真理性和倫理性。黑格爾雖然強調君主的作用，但是他並不主張君主專制，宣稱君主立憲是最高的、最完善的政體。

　　黑格爾在闡述他的社會政治觀點的同時，還提出了他的「歷史哲學」。 他從唯心主義出發，把整個人類歷史說成是精神的歷史。但是在黑格爾的歷史哲學中貫穿著辯證法的思想，把人類歷史的發展看成是一個合乎規律的辯證過程。他認為整個人類歷史是一個有內在聯繫的統一體，而不是個別歷史人物和偶然事件的堆集。

(三)絕對精神

　　「絕對精神」是黑格爾精神哲學的第三部分，也是最後一部分。絕對精神消除了主觀精神與客觀精神的對立，是主觀精神與客觀精神的統一。絕對精神既是主體又是客體，它在它自身之內建立它的客體，又是對它所建立的客體的意識，絕對精神就是精神對它自身的認識。絕對精神的自我認識也經歷了三個階段：藝術、宗教和哲

學。這三個階段也是絕對精神自我認識的三種形式。在藝術中，絕對精神以形象出現；在宗教中，以表象出現；在哲學中，則以概念出現。因此，藝術發展為宗教，而宗教則在哲學中得到自己的完成。

藝術哲學即美學也服從於正、反、合的三段式，由三部分組成：關於一般的美的觀念的學說；關於特殊的、個別的藝術類型的學說；關於個別的藝術種類的學說。黑格爾把美定義為「理念的感性顯現」。藝術中的美有兩個要素：一種是內在的，也就是思想內容，美的內容就是「絕對精神」；另一種是外在的，也就是具體的感性的存在，感性直觀的形式。因此，美就是「精神」在直接的具體的感性形象中的照耀。由於藝術是以直接的感性形式表現「絕對精神」，而直接的感性形式總是「有限的」，精神本是「無限的」，因而藝術這種形式就不能適當地體現出「精神」。這樣，精神就要繼續前進，尋求更加適合的表現自身的形式，由此過渡到宗教。

宗教是以表象的形式表現絕對精神，它高於藝術而次於哲學。在藝術中，絕對精神呈現為感性的形式，在哲學中表現為純粹思維，而在宗教中則表現為「圖畫式的思維」。黑格爾認為，宗教的對象與哲學的對象是相同的，兩者皆以真理為對象，就真理的最高意義而言，上帝即是真理，且唯有上帝才是真理。黑格爾稱哲學為「理性神學」，公開論證宗教是他的哲學體系的不可分離的一部分。

哲學是「絕對精神」的最高體現，是「絕對精神」自我認識的最高形式。但是，哲學的產生有一個歷史發展的過程。每一哲學體系都有其必要的地位，代表邏輯發展的一個必要的階段。晚出的哲學體系是從先前的哲學體系發展出來的，前者揚棄了後者。各種哲學體系的相互更替是「絕對精神」自我認識的逐步深化的過程。黑格爾哲學代表最後的綜合，在那裡，「絕對精神」達到最後和最完

滿的自我認識。

第二節 布拉德雷哲學體系與黑格爾哲學 體系之比較

一、兩個哲學體系之間的區別

以上我們簡明扼要地敘述了黑格爾的哲學體系，現在我們把它同布拉德雷的哲學體系進行一番比較。首先，我們分析這兩個哲學體系之間的區別。

1.黑格爾的哲學體系博大精深。它集德國古典哲學之大成，在西方哲學史上建立了一座豐碑。在黑格爾的客觀唯心主義的外殼中，包含著「合理的內核」， 這就是無比豐富的辯證法思想，例如關於對立統一規律、質量互變規律、否定之否定規律等辯證法三大規律，關於事物自身運動、普遍聯繫和相互轉化，關於辯證法、認識論和邏輯學的統一，關於發展是漸進過程的中斷和飛躍，關於有與無、量與質、本質與現象、內容與形式、可能與現實、原因與結果、主體與客體、個別與一般、特殊與普遍、有限與無限、抽象與具體等一系列辯證範疇。雖然由於體系的需要，黑格爾把他的體系的全部教條內容宣布為絕對真理，但是，正如恩格斯(Engels, 1820–1895)所說：

> 這一切並沒有妨礙黑格爾的體系包括了以前的任何體系所不可比擬的巨大領域，而且沒有妨礙它在這一領域中發展了現

在還令人驚奇的豐富思想。精神現象學（也可以叫做同精神
胚胎學和精神古生物學類似的學問，是對個人意識各個發展
階段的闡述，這些階段可以看做人的意識在歷史上所經過的
各個階段的縮影）、邏輯學、自然哲學、精神哲學，而精神哲
學又分成各個歷史部門來研究，如歷史哲學、法哲學、宗教
哲學、哲學史、美學等等，——在所有這些不同的歷史領域
中，黑格爾都力求找出並指出貫穿這些領域的發展線索；同
時，因為他不僅是一個富於創造性的天才，而且是一個學識
淵博的人物，所以他在每一個領域中都起了劃時代的作用。
當然，由於「體系」的需要，他在這裡常常不得不求教於強
制性的結構，這些結構直到現在還引起他的渺小的敵人如此
可怕的喊叫。但是這些結構僅僅是他的建築物的骨架和腳手
架；人們只要不是無謂地停留在它們面前，而是深入到大廈
裡面去，那就會發現無數的珍寶，這些珍寶就是在今天也還
具有充分的價值。❶

　　但是，布拉德雷的哲學體系同黑格爾的哲學體系相比要遜色得
多。布拉德雷的從現象到實在的絕對唯心主義體系僅涉及黑格爾體
系中的一部分領域，主要是邏輯學和倫理學。布拉德雷沒有像黑格
爾那樣提出一個辯證法綱要，沒有論述辯證法的一系列規律和範疇。
總之,布拉德雷的體系比起黑格爾的體系來真可謂「小巫見大巫」。
　　2.黑格爾的哲學產生了巨大的影響。從1820年到1840年黑格爾
體系是在德國占統治地位的哲學。正是在這個時期，黑格爾的觀點

---

❶　《馬克思恩格斯選集》（第四卷），人民出版社，北京，1972年版，第
　　215頁。

自覺地或不自覺地大量浸入了各種科學，甚至滲透了通俗讀物和日報。黑格爾在世時，他的學說造就了一批人，在國內形成一個「黑格爾學派」，並已越出國界。在他逝世後，黑格爾學派分裂為老年黑格爾學派和青年黑格爾學派，後來隨著1848年的革命的爆發而歸於消亡。曾屬於青年黑格爾學派的費爾巴哈 (Feuerbach, 1804–1872)用人本學唯物主義哲學批判了黑格爾哲學，但拋棄了其中的合理內核——辯證法。馬克思(Marx, 1818–1883)和恩格斯批判地繼承了黑格爾的哲學，把辯證法從客觀唯心主義的體系中解放出來，使之與唯物主義有機地結合起來，創建了全新的辯證唯物主義哲學或馬克思主義哲學。此外，黑格爾哲學還促進了哲學史和宗教史的研究，培育了一批傑出的哲學史家和宗教史家。

二十世紀以來，對黑格爾的研究受到國際哲學界的重視。1953年，國際黑格爾學會成立。該學會每兩年舉行一次國際黑格爾大會，並舉辦有關的學術會議；每屆大會後出版《黑格爾年鑒》。在中國，黑格爾是德國古典哲學中最有影響的哲學家，每年都有不少研究黑格爾的論著出版。

同黑格爾哲學的巨大影響形成鮮明對照的是，布拉德雷的哲學沒有產生也不可能產生像黑格爾哲學那樣的影響，它在英國出現的時間並不太長，二十世紀初在穆爾和羅素等人的批判下逐漸走向衰落。在中國，研究布拉德雷哲學的學者寥若晨星，這是同黑格爾哲學在中國的巨大影響不能相比的。

3.黑格爾哲學體系貫穿一條基本原則，這就是思維與存在的同一原則。他主張思維與存在是對立的統一。思維由於自身的能動性，思維與存在的對立的絕對性是要被揚棄的，思維必定會轉化為存在。同時，思維與存在不僅是同一的，而且又是有區別的。黑格爾認為，

事物與對事物的思維是一致的，思維在它的內在規定中，和事物的真正本性是同一個內容。這種內在於事物之中構成事物真正本性的思想就是「客觀思想」或「絕對精神」， 也就是客觀化了的人的思想。

布拉德雷在構成他的哲學體系時，沒有吸取黑格爾的思維與存在同一性原則。他對「思想」作了與黑格爾根本不同的界定，把「思想」說成是關係經驗中的理論方面，思想要達到「絕對經驗」， 就必須「自殺」。 由此可見，他否定了思維和存在的同一性，認為思維不能達到「絕對」，思想不能窮盡終極的「實在」，主張用「直覺」、「本能」和「信仰」去達到「絕對」或「實在」， 這就陷入了不可知論、神祕主義和信仰主義。

4.布拉德雷接受了黑格爾把精神性的「絕對」當作宇宙本原的客觀唯心主義觀點，但又對「絕對」作了經驗主義的解釋。「絕對」就是絕對經驗，知覺經驗；而絕對經驗一方面是一個無所不包的整體經驗，另一方面是由雜多的有限的個人經驗構成的。這就表明，在布拉德雷絕對唯心主義中具有主觀唯心主義的經驗論傾向。我們曾經引用穆爾的論證指出，布拉德雷的「實在是精神的」這一論題是從貝克萊的主觀唯心主義前提「存在就是被感知」導出的。

5.黑格爾認為，矛盾是一切生命和運動的根源，一切事物都是矛盾，矛盾的原則統治世界；一切都要變化，向它的對立面轉化。黑格爾體系的強制結構雖然削弱了上述的辯證方法，但是總的說來，辯證方法還是占主導地位。而在布拉德雷體系中，否認矛盾卻占了主導地位。布拉德雷認為，先於關係的直接經驗和超關係的絕對經驗都不存在矛盾，只有和諧和統一；而處於關係中的相對經驗則只有矛盾，沒有和諧和統一，必須經過「關係之路」而到達絕對經驗。

由此可見，布拉德雷的體系充滿著機械性，這是不能與黑格爾體系同日而語的。

6.黑格爾在邏輯發展史上建立了一種新的邏輯類型，他稱之為「思辨邏輯」，現在人們稱之為「辯證邏輯」。這並不是指他的整個邏輯學體系，而是指他的《邏輯學》和《小邏輯》中「主觀性」部分所論述的概念、判斷和推理的體系。布拉德雷也建立了一種絕對唯心主義邏輯，從類型來說屬於辯證邏輯，但與黑格爾的辯證邏輯有以下一些重大差別：⑴黑格爾從概念開始建構辯證邏輯，而布拉德雷認為邏輯中基本的東西不是概念或範疇，而是判斷，把判斷看成是思想和知識的單位。⑵黑格爾根據邏輯同本體論、認識論一致的原則，把判斷、推理的體系安排成一個從低級到高級發展的過程。布拉德雷沒有這樣做，而是根據判斷和推理反映實在的原則辯證地考察了各種判斷和推理。⑶黑格爾認為亞里士多德的形式邏輯是「知性邏輯」，他的「思辨邏輯」或「辯證邏輯」是「理性邏輯」，比形式邏輯為高。黑格爾雖然肯定了形式邏輯的作用，但對形式邏輯進行了錯誤的批評。而布拉德雷並不認為辯證邏輯是「高等邏輯」、形式邏輯是「低等邏輯」，　在布拉德雷的辯證邏輯中容納了形式邏輯的基本原理。

雖然總的說來，布拉德雷的邏輯體系不如黑格爾的邏輯體系豐富，但是他把判斷作為思想的單位、他對判斷和推理的辯證分析以及對形式邏輯的科學態度都是值得肯定的。布拉德雷對辯證邏輯的發展作出了重要貢獻。

7.布拉德雷的倫理學發展了黑格爾的倫理學，以「自我實現說」、「我的崗位及其義務論」為中心的整體主義倫理學說是布拉德雷的新創造，也是他對倫理學的重要貢獻。

二、布拉德雷哲學體系中的黑格爾主要精神

以上我們從七個方面論述了布拉德雷的哲學體系同黑格爾體系的重大差別。由此也可證實布拉德雷所說的「我決不能自稱為黑格爾學派中人，這是部分因為我不能說我已經充分掌握了他的體系，部分也因為我並不同意他的主要原理，或至少那個原理的一部分」。 這裡所謂「主要原理」是指思維和存在的同一性。但是，布拉德雷承認他受了黑格爾的影響，從黑格爾的著作中獲得「許多啟發」， 他希望別人來「評定」他受黑格爾影響的程度。下面我們就「評定」一下。

1.布拉德雷的「絕對」來自黑格爾的「絕對觀念」和「絕對精神」。

2.布拉德雷的絕對唯心主義哲學基礎——「內在關係說」來自黑格爾關於具體和抽象的理論。黑格爾認為，概念是具體的；所謂「具體」是指多樣性之有機聯繫的整體，不同的規定之統一；這就是說，「具體」就是整體、聯繫和統一。相反，「抽象」就是孤立、片面和割裂。

3.布拉德雷在其哲學體系中吸收和發揮了黑格爾的一些辯證法觀點，諸如有限與無限、絕對真理與相對真理、形式與內容、同一與差異、具體的普遍（具體的共相）、 個人與國家，等等。在前幾章中我們已作了充分的論述，這裡不贅。

4.布拉德雷吸取了黑格爾把邏輯學和倫理學納入絕對唯心主義體系的做法，創建了自己的邏輯學和倫理學。他的邏輯學在許多方面同黑格爾的思辨邏輯雖有不同，但他關於邏輯的範圍和功能的觀點顯然來自黑格爾。黑格爾要求邏輯的形式同認識的內容密切聯

繫，同認識的內容一致。布拉德雷從一個側面發揮了黑格爾的這一思想，提出判斷和推理是反映實在的，並用辯證法對判斷和推理進行了研究。因此，布拉德雷的邏輯仍屬於辯證邏輯。至於布拉德雷的倫理學顯然是對黑格爾精神哲學中「客觀精神」學說的發展。

　　由以上四個方面可見，布拉德雷的哲學體系是黑格爾類型的。西方哲學史教科書中把它稱為「新黑格爾主義」、「絕對唯心主義」，這是有道理的。

三、結　語

　　根據以上對布拉德雷哲學體系同黑格爾哲學體系的比較研究，根據兩種哲學體系的異同，我們現在就能以黑格爾哲學為坐標來確定布拉德雷在西方哲學史上的地位：

　　黑格爾集德國古典哲學之大成，創建了博大精深的客觀唯心主義體系，第一次全面系統地闡明了唯心辯證法的原理，在西方哲學史上樹立了一座不朽的里程碑。

　　布拉德雷的哲學是對黑格爾哲學的「片斷復興」，在邏輯學和倫理學方面有所發揮，作出了創造性的貢獻，這些貢獻已被載入西方邏輯史和倫理史。但總的說來，布拉德雷的哲學體系比起黑格爾的哲學體系來要遜色得多，其影響也小得多，可是其缺陷卻大得多。因此，作為新黑格爾主義代表人物的布拉德雷在西方哲學史上的地位決不能同黑格爾的崇高地位相提並論。黑格爾是哲壇泰斗，布拉德雷則是北斗七星中的一顆。在西方，布拉德雷有「近代哲學中的芝諾」之稱。這一評價同我的評價是一致的。

布拉德雷生平大事年表

1846年　1月30日誕生在英國布里克諾克郡。

1854年　全家遷往切爾騰翰。

1856年　入切爾騰翰公學讀書。

1861年　轉學至馬爾巴羅公學。

1862年　冬患傷寒病，拖至1863年春又轉為肺炎。康復後健康狀況一直不佳，並因此離開了馬爾巴羅公學。

1865年　入牛津大學學習。

1870年　任牛津大學麥爾頓學院的研究員，直至逝世。

1871年　6月患腎炎。這一終身疾患對他以後50餘年的學術生涯產生了重大影響，他沒有擔任教學工作，專門從事著述，過著一種半隱居的生活。

1876年　出版第一部專著《倫理研究》。

1883年　出版第二部專著《邏輯原理》。
　　　　同年獲格拉斯哥大學法學博士學位。

1893年　出版第三部專著即核心哲學著作《現象與實在》。

1897年　出版《現象與實在》第二版，增補了3篇專題注釋及一組解釋性注釋。

1914年　出版《真理與實在論文集》。

1921年　獲丹麥皇家科學院院士稱號。

1922年　出版《邏輯原理》增訂第二版，增寫了許多附注，並在書末附了12篇論文。

1923年　獲英國科學院名譽院士稱號。

1924年　6月獲英國國王頒發的功績勛章。

　　　　初夏為《倫理研究》增寫新注，為出第二版之用，但未寫完即離世。

　　　　夏秋患血液中毒症住院治療。

　　　　9月18日在牛津病逝，享年78歲。

1927年　《倫理研究》第二版在他逝世後出版。

1935年　《論文匯編》在他逝世後出版。

參考文獻

一、布拉德雷的著作

1. [1876] *Ethical Studies*. Oxford: At the Clarendon Press. 2nd edition, 1927, Reprinted 1935, 1952.

2. [1883] *The Principles of Logic*. Oxford. 2nd edition, 1922.

3. [1893] *Appearance and Reality*. Oxford. 2nd edition, 1897. 9th impression, authorized and corrected 1955.

4. [1914] *Essays on Truth and Reality*. Oxford.

二、評述布拉德雷哲學思想的著作

1.托馬斯·E·希爾:《現代知識論》，劉大椿等譯，中國人民大學出版社，北京，1989。

2.羅素:《我的哲學的發展》，溫錫增譯，商務印書館，北京，1982。

3.瓦爾海姆:〈布拉德雷〉，載艾耶爾等著《哲學中的革命》，商務印書館，北京，1986。

4.朱正琳:〈布拉德雷〉，載汝信等主編《西方著名哲學家評傳》(第八卷)，山東人民出版社，濟南，1985。

5.全增嘏主編:《西方哲學史》(下冊)，上海人民出版社，1992。

6.梯利:《西方哲學史》(增補修訂版),葛力譯,商務印書館,北京,1995。

索 引

三劃

四劃

五劃

六劃

130, 183

同樣性　Sameness　8

因為　Because　3, 5, 9, 10, 11, 13, 14, 15, 20, 22, 23, 26, 27, 29,
30, 31, 33, 35, 41, 45, 48, 49, 50, 53, 54, 55, 58,
59, 60, 61, 62, 63, 66, 67, 70, 71, 72, 73, 74, 75,
80, 86, 87, 88, 89, 90, 91, 92, 93, 94, 98, 99, 102,
106, 107, 109, 110, 111, 112, 113, 114, 115, 118,
119, 120, 121, 128, 136, 139, 146, 147, 148, 149,
150, 153, 154, 155, 157, 159, 160, 161, 165, 167,
170, 171, 172, 183, 185, 186, 188, 194, 198

在，有　Being　1, 2, 3, 4, 5, 6, 7, 8, 9, 10, 11, 12, 13, 14, 15, 16,
17, 18, 19, 20, 21, 22, 23, 24, 25, 26, 27, 28, 29,
30, 31, 32, 33, 34, 35, 36, 37, 38, 39, 40, 41, 43,
44, 45, 46, 47, 48, 49, 50, 51, 52, 53, 54, 55, 56,
57, 58, 59, 60, 61, 62, 63, 64, 65, 66, 67, 68, 69,
70, 71, 72, 73, 74, 75, 76, 77, 78, 79, 80, 81, 82,
83, 84, 85, 86, 87, 88, 89, 90, 91, 92, 93, 94, 95,
96, 97, 98, 99, 100, 101, 102, 103, 104, 105, 106,
107, 108, 109, 110, 111, 112, 113, 114, 115, 116,
117, 118, 119, 120, 121, 122, 123, 124, 125, 126,
127, 128, 129, 130, 131, 132, 133, 134, 135, 136,
137, 139, 141, 142, 143, 144, 145, 146, 147, 148,
149, 150, 151, 152, 153, 154, 155, 156, 157, 158,
159, 160, 161, 162, 163, 164, 165, 166, 167, 168,
169, 170, 171, 172, 173, 175, 176, 177, 178, 179,

十一劃

十三劃

二十五劃

世界哲學家叢書（一）

書　　　　名	作　　　者	出　版　狀　況
孔　　　　子	韋　政　通	已　　出　　版
孟　　　　子	黃　俊　傑	已　　出　　版
老　　　　子	劉　笑　敢	已　　出　　版
莊　　　　子	吳　光　明	已　　出　　版
墨　　　　子	王　讚　源	已　　出　　版
淮　南　子	李　　　增	已　　出　　版
董　仲　舒	韋　政　通	已　　出　　版
揚　　　　雄	陳　福　濱	已　　出　　版
王　　　　充	林　麗　雪	已　　出　　版
王　　　　弼	林　麗　真	已　　出　　版
阮　　　　籍	辛　　　旗	已　　出　　版
劉　　　　勰	劉　綱　紀	已　　出　　版
周　敦　頤	陳　郁　夫	已　　出　　版
張　　　　載	黃　秀　璣	已　　出　　版
李　　　　覯	謝　善　元	已　　出　　版
楊　　　　簡	鄭曉江 李承貴	已　　出　　版
王　安　石	王　明　蓀	已　　出　　版
程顥、程頤	李　日　章	已　　出　　版
胡　　　　宏	王　立　新	已　　出　　版
朱　　　　熹	陳　榮　捷	已　　出　　版
陸　象　山	曾　春　海	已　　出　　版
王　廷　相	葛　榮　晉	已　　出　　版
王　陽　明	秦　家　懿	已　　出　　版
方　以　智	劉　君　燦	已　　出　　版
朱　舜　水	李　甦　平	已　　出　　版

世界哲學家叢書（二）

書　　　　　名	作　　者	出　版　狀　況
戴　　　　　震	張　立　文	已　　出　　版
竺　　道　　生	陳　沛　然	已　　出　　版
慧　　　　　遠	區　結　成	已　　出　　版
僧　　　　　肇	李　潤　生	已　　出　　版
吉　　　　　藏	楊　惠　南	已　　出　　版
法　　　　　藏	方　立　天	已　　出　　版
惠　　　　　能	楊　惠　南	已　　出　　版
宗　　　　　密	冉　雲　華	已　　出　　版
湛　　　　　然	賴　永　海	已　　出　　版
知　　　　　禮	釋　慧　岳	已　　出　　版
嚴　　　　　復	王　中　江	已　　出　　版
章　　太　　炎	姜　義　華	已　　出　　版
熊　　十　　力	景　海　峰	已　　出　　版
梁　　漱　　溟	王　宗　昱	已　　出　　版
殷　　海　　光	章　　　清	已　　出　　版
金　　岳　　霖	胡　　　軍	已　　出　　版
馮　　友　　蘭	殷　　　鼎	已　　出　　版
湯　　用　　彤	孫　尚　揚	已　　出　　版
賀　　　　　麟	張　學　智	已　　出　　版
商　　羯　　羅	江　亦　麗	已　　出　　版
辨　　　　　喜	馬　小　鶴	排　　印　　中
泰　　戈　　爾	宮　　　靜	已　　出　　版
奧羅賓多·高士	朱　明　忠	已　　出　　版
甘　　　　　地	馬　小　鶴	已　　出　　版
拉達克里希南	宮　　　靜	已　　出　　版

世界哲學家叢書（三）

書　　　　　名	作　　者	出　版　狀　況
李　　栗　　谷	宋　錫　球	已　　出　　版
道　　　　　元	傅　偉　勳	已　　出　　版
山　鹿　素　行	劉　梅　琴	已　　出　　版
山　崎　闇　齋	岡　田　武　彥	已　　出　　版
三　宅　尚　齋	海老田輝巳	已　　出　　版
貝　原　益　軒	岡　田　武　彥	已　　出　　版
楠　本　端　山	岡　田　武　彥	已　　出　　版
吉　田　松　陰	山　口　宗　之	已　　出　　版
亞　里　斯　多　德	曾　仰　如	已　　出　　版
伊　壁　鳩　魯	楊　　　適	已　　出　　版
柏　　羅　　丁	趙　敦　華	排　　印　　中
伊本・赫勒敦	馬　小　鶴	已　　出　　版
尼古拉・庫薩	李　秋　零	已　　出　　版
笛　　卡　　兒	孫　振　青	已　　出　　版
斯　賓　諾　莎	洪　漢　鼎	已　　出　　版
萊　布　尼　茨	陳　修　齋	已　　出　　版
托馬斯・霍布斯	余　麗　嫦	已　　出　　版
洛　　　　　克	謝　啓　武	已　　出　　版
巴　　克　　萊	蔡　信　安	已　　出　　版
休　　　　　謨	李　瑞　全	已　　出　　版
托馬斯・銳德	倪　培　民	已　　出　　版
伏　　爾　　泰	李　鳳　鳴	已　　出　　版
孟　德　斯　鳩	侯　鴻　勳	已　　出　　版
費　　希　　特	洪　漢　鼎	已　　出　　版
謝　　　　　林	鄧　安　慶	已　　出　　版

世界哲學家叢書 (四)

書　　　　　名	作　　者	出　版　狀　況
叔　　　本　　　華	鄧　安　慶	排　　印　　中
祁　　　克　　　果	陳　俊　輝	已　　出　　版
彭　　　加　　　勒	李　醒　民	已　　出　　版
馬　　　　　赫	李　醒　民	已　　出　　版
迪　　　　　昂	李　醒　民	已　　出　　版
恩　　　格　　　斯	李　步　樓	已　　出　　版
約　翰　彌　爾	張　明　貴	已　　出　　版
狄　　爾　　泰	張　旺　山	已　　出　　版
弗　洛　伊　德	陳　小　文	已　　出　　版
史　賓　格　勒	商　戈　令	已　　出　　版
雅　斯　培　爾	黃　　藿	已　　出　　版
胡　　塞　　爾	蔡　美　麗	已　　出　　版
馬克斯·謝勒	江　日　新	已　　出　　版
海　　德　　格	項　退　結	已　　出　　版
高　　達　　美	嚴　　平	已　　出　　版
哈　伯　馬　斯	李　英　明	已　　出　　版
榮　　　　　格	劉　耀　中	已　　出　　版
皮　　亞　　傑	杜　麗　燕	已　　出　　版
索　洛　維　約　夫	徐　鳳　林	已　　出　　版
馬　　賽　　爾	陸　達　誠	已　　出　　版
布　拉　德　雷	張　家　龍	已　　出　　版
懷　　特　　海	陳　奎　德	已　　出　　版
愛　因　斯　坦	李　醒　民	排　　印　　中
玻　　　　　爾	戈　　革	已　　出　　版
弗　　雷　　格	王　　路	已　　出　　版

世界哲學家叢書（五）

書　　　　名	作　　者	出　版　狀　況
石　　　里　　　克	韓　林　合	已　　出　　版
維　根　斯　坦	范　光　棣	已　　出　　版
艾　　耶　　爾	張　家　龍	已　　出　　版
奧　　斯　　丁	劉　福　增	已　　出　　版
馮　・　賴　特	陳　　波	排　　印　　中
魯　　一　　士	黃　秀　璣	已　　出　　版
蒯　　　　　因	陳　　波	已　　出　　版
庫　　　　　恩	吳　以　義	已　　出　　版
洛　　爾　　斯	石　元　康	已　　出　　版
喬　姆　斯　基	韓　林　合	已　　出　　版
馬　克　弗　森	許　國　賢	已　　出　　版
尼　　布　　爾	卓　新　平	已　　出　　版